HEIDRUN STRIEDNIG

Wie finde ich meine *DUALSEELE*

WILHELM HEYNE VERLAG
MÜNCHEN

HEYNE ESOTERISCHES WISSEN

Herausgegeben von Michael Görden
13/9906

*Dieses Buch sei gewidmet
der zweiten Hälfte meiner Seele
und all jenen Männern und Frauen,
deren Sehnsucht nach der Dualseele
übermächtig ist.*

Taschenbucherstausgabe 07/2002
Copyright © by Aquamarin Verlag, Grafing
Wilhelm Heyne Verlag GmbH & Co. KG, München
www.heyne.de
Printed in Germany 2002
Umschlaggestaltung: FranklDesign, München
Umschlagillustration: www.vietmeier.de
Satz: Fotosatz Völkl, Puchheim
Druck und Bindung: Ebner & Spiegel, Ulm

ISBN 3-453-21473-0

Inhalt

Vorwort

Ohne Dich bin ICH nicht ICH!
Mit Dir bin Ich ein Ganzes,
Du bist der Schein des göttlichen Glanzes,
der Mir ohne Dich zum Leuchten fehlt.

Du und ICH,
wenn wir zusammen,
sind zwei goldene Kannen,
die ihr Liebeswasser vergießen –
und alles Leben wird sprießen.

Eins zu sein
mit dem Herz des für uns bestimmten Menschen
sprengt alle Grenzen,
die Selbstsucht beginnt zu schmelzen,
jeder Zweifel augenblicklich gebannt,
die Schönheit, die Weisheit
und des Schöpfers Plan in allem erkannt.

Ein Gedicht, das vor etlichen Jahren entstanden oder, viel lieber möchte ich sagen, meinem Herzen entsprungen ist. Immer schon war für mich die Thematik »Dualseelen« mehr als nur ein abstraktes Denkmodell.

Ein seltsames Erlebnis, das mir in meiner Kindheit widerfahren ist, prägte sich mir unvergesslich ein, schürte in mir das Verlangen und das Interesse, eine Erklärung für dieses sonderbare Ereignis, das wohl am ähnlichsten mit einer höheren Form von Tagtraum zu vergleichen ist, in späteren Jahren zu suchen und zu finden.

Ich möchte dieses Erleben hier schildern.

Damals war ich ein Mädchen von etwa acht oder neun Jahren. Zu jener Zeit besuchte ich die Grundschule in einer privaten Klosterschule, die mitten in der Stadt Salzburg liegt. Sie war in einem stattlichen Gebäudekomplex, direkt an der Salzach, untergebracht. An der anderen Uferseite der Salzach erhebt sich einer der bekannten Stadtberge, der Mönchsberg. Von meinem Klassenzimmer aus konnte ich direkt auf eine Aussichtsplattform, die Humboldtterrasse genannt wird, blicken. Während des Unterrichts schweifte mein Blick sehr oft zu dieser Plattform hin. Immer war ich gespannt und erfreut, wenn ich dort oben Menschen sichtete. Zumeist aber blieb sie unbesucht. Nur in der Weihnachtszeit war hier ein strahlender Christbaum aufgestellt, als ob Christus selbst leuchtend gegenwärtig wäre.

Eines Tages wanderten wieder einmal meine Blicke dorthin. Kein menschliches Wesen hielt sich dort auf, und doch hatte ich das Empfinden, als wäre jemand dort. Eine Einzelperson, ein schöner junger Mann, der im Gegensatz zu mir bereits erwachsen war, lächelte über eine Distanz von zirka vierhundert Metern Luftlinie zu mir herüber. Sein Gesicht konnte ich nicht genau ausmachen, doch wusste ich, dass er mich liebevoll anstrahlte und etwas übersandte, was mein Herz zärtlich berührte. Seine Aufmerksamkeit galt mir allein, er hatte nur Augen für mich. Ich wusste, für mich stand er dort – für mich war er da. Von nun an, wenn ich das Klassenzimmer betrat und meinen Sitzplatz bezogen hatte, begrüßte ich jeden Tag diesen mir wohl vertrauten Fremden. Oftmals wurde ich von meiner Lehrerin ermahnt, wenn ich so traumversunken aus dem Fenster schaute. Sogar meine Eltern wurden in Kenntnis darüber gesetzt, wobei es hieß: »Ihre Tochter ist oft abwesend, ständig schaut sie zum Fenster hinaus!« Natürlich hätte ich ihnen erklären können, warum ich dies tat – behielt es aber lieber für mich.

Wir können dieses Erleben interpretieren, wie wir wollen. Wir können behaupten, dies seien Träumereien eines jungen Mädchens, dies seien Wunschvorstellungen eines fantasiebegabten Kindes, oder es einfach als Hirngespinste abtun. Für mich jedenfalls wurde damals der Same gelegt, den verborgenen Sinn, den Anlass, weshalb so etwas geschehen konnte, herauszufinden. Denn ich ahnte damals schon, dass es mehr Dinge zwischen Himmel und Erde gibt, als der Mensch imstande ist zu erkennen.

Tief in meinem Innern wusste ich mit einer absoluten Gewissheit, dass es für jeden auf Erden verkörperten Menschen den ihn ergänzenden Seelenpartner gibt, der nicht nur in unseren Träumen lebt, sondern als reale Wesenheit existiert. Nun trug ich zwar das Wissen in mir, doch mit der Zeit drängte in mir zugleich das Verlangen empor, in der äußeren Welt Beweise für diese in mir erkannte Wahrheit zu finden. So begann ich schließlich zu suchen, hielt Augen, Ohren und vor allem das Herz offen, durchforschte Schriften, in denen ich aufschlussreiche Informationen bezüglich der Dualseelenthematik zu finden hoffte, und versuchte auch in mir selbst, durch aufrichtiges, unaufhörliches und inniges Fragen, die rechten Antworten zu erhalten. Bekanntlich ist es so, wenn erst einmal die Aufmerksamkeit unverrückbar auf eine bestimmte Sache gerichtet ist, wird sie immer lebendiger, gewinnt mehr und mehr an Substanz und bringt uns dem Verlangten, gemäß der Intensität unseres Wunsches, Schritt für Schritt näher.

Dieses Buch ist das Ergebnis meiner Suche nach dem Mysterium der von Ewigkeit füreinander bestimmten Seelen. Darin will ich versuchen, das Wissen um die unwandelbare Wahrheit der »Zwillingsstrahlen« in die Herzen vieler Menschen zu senken, die, wenn sie erst einmal anerkannt wird, jeden Einzelnen dazu antreibt und bewegt, sein »zweites Ich« im anderen Geschlecht zu suchen und letztendlich zu finden. Auch bin ich bemüht, mögliche Wege zur Erreichung dieses Ziels aufzuzeigen, um in Kommunikation mit seiner Seelenergänzung zu kommen, selbst wenn für diese Inkarnation ein Zusammentreffen mit dem »zweiten Ich« im göttlichen Plan nicht vorgesehen ist.

Ich freue mich, mich mit ihnen gemeinsam auf diese wunderbare Reise zu begeben, da in uns allen, ob Mann oder Frau, bewusst oder unbewusst, dasselbe unstillbare Sehnen nach Verschmelzung und Wiedereinswerden brennt und ohne Unterlass danach strebt, offenbar zu werden.

Heidrun Striednig

Ob Mann, ob Frau –
dein Leben kann nicht vollkommen sein,
du kannst dich nicht von Kraft zu Kraft emporbauen,
ehe du deinem zweiten ICH – deiner Ergänzung
im anderen Geschlecht –
begegnet bist und es spirituell erkannt hast.
Nach diesem Erkennen gibt es kein Scheiden mehr.

PRENTICE MULFORD

Einführung

Wer kennt nicht jene Sehnsucht, die zeitlebens, unabhängig von Herkunft, Erziehung und Alter, im Innersten unseres Herzens glüht und ständig nach Erfüllung drängt? Es ist die Sehnsucht unserer Seele nach dem über alles geliebten Gegenpart, jenem ergänzenden, andersgeschlechtlichen Wesen, in dem wir all unser Hoffen, Wollen, Träumen und Wünschen erwidert sehen. Einem Wesen, dem wir bloß in die Augen zu blicken haben, und ohne ein Wort zu verschwenden, erkennt es augenblicklich alle in uns vorherrschenden Gedanken und Gefühle. Einem Wesen, dass, wenn es nur in unserer Nähe weilt, jene wohlige Wärme in uns aufsteigen lässt, die uns Geborgenheit und bedingungslose Liebe übermittelt und empfinden lässt. Einem Wesen, in dem wir uns selbst widerspiegeln und erkennen. Unsere Seele sehnt sich nach diesem Wesen, weil sie instinktiv weiß, dass es seit Urbeginn für sie bestimmt ist. Weil sie weiß, dass sie EINES sind, EINES waren und wieder EINES sein werden.

Jeder Mensch auf Erden wünscht, ob er es zugibt oder nicht, eine Verbindung mit dem einen wahren Partner, eine Verbindung, die untrennbar ist, die nichts und niemand aufzulösen vermag. Warum nur träumen wir alle denselben Traum? Woher kommt dieses unbändige Verlangen, welches das Menschengeschlecht seit Jahrhunderten, seit Jahrtausenden beseelt?

Dieses Buch versucht, einige Antworten auf diese uns so bewegenden Fragen zu finden. Und ich möchte Sie herzlich dazu einladen, mich auf dieser Suche zu begleiten.

Wer immer wir auch in diesem Leben sein mögen, wie und wo wir auch heute in unserer Entwicklung stehen: Es wird mit absoluter Gewissheit einmal der Tag kommen, an dem wir unserem zweiten Ich begegnen, es untrüglich erkennen und mit ihm den Bund der Ewigkeit besiegeln werden. Jene Ehe vollziehen, die dann wahrlich im Himmel geschlossen wird, jener Verschmelzung der für uns bestimmten Seele teilhaftig werden ... Und dieses Glück wartet auf jeden Einzelnen von uns. Fangen wir doch jetzt schon an, uns auf diesen seelenvollen Zustand, die Krönung unseres Menschseins, vorzubereiten!

TEIL I

GRUNDLEGENDES ZUM THEMA DUALSEELEN

1.

Der Traumpartner

Um näher auf das eigentliche Thema der Dualseelen eingehen zu können, ist es sinnvoll, vorerst allgemeine Denkinhalte, welche die Menschheit gerne mit diesem Themenfeld in Verbindung bringt, zu behandeln und auf ihre Gültigkeit hin zu überprüfen. Solch einen Denkinhalt stellt zum Beispiel der oft in den Mund genommene Begriff des »Traummannes« oder der »Traumfrau« dar.

Jeder Mann und jede Frau trägt ein mehr oder weniger exakt umrissenes Bild des idealen Partners in sich. Bei manchen herrscht eine Überbetonung der äußerlichen Merkmale vor, bei anderen wiederum sind die charakterlichen Eigenheiten von größerer Bedeutung. Wobei man unter den Geschlechtern keine spezifische Trennung oder Zuordnung dieser beiden Sachverhalte vornehmen kann. Das so oft vertretene Vorurteil, es wären hauptsächlich die Männer, die vordergründig auf das äußere Erscheinungsbild einer Frau größeres Augenmerk richten als auf ihre inneren Werte, ist zweifelsohne unrichtig. Natürlich gibt es solche Männer, wie es aber auch Frauen gibt, die ausschließlich auf die körperliche Attraktivität eines Mannes achten. Doch diese triviale Einstellung ist unwesentlich, vielmehr gilt es, die tiefere, verborgene Ursache zu ergründen, weshalb Männer und Frauen überhaupt ein Bild ihres Traumpartners in sich formen, aus welchen Bausteinen es errichtet und aus welcher Substanz es gebildet wurde.

Eine mögliche Erklärung, lässt man die äußerlichen Merkmale wie Haarfarbe, Körperbau, Größe, Typus … usw. außer Acht, wäre folgende: Nehmen wir das Beispiel einer Frau, die in begeisterter Freude darüber erzählt, wie ihr Traummann beschaffen sein muss.

Sie sagt: »Er muss sensibel und zart fühlend sein, treu und verlässlich, meinen Neigungen und Vorlieben gegenüber aufgeschlossen, mir ritterlich zur Seite stehen. Mein Traummann muss eine gewisse geistige Reife schon erreicht haben, er sollte aufrichtig sein und ein Bedürfnis in sich tragen, alles ihn Bewegende und Erlebte mit mir teilen zu wollen.«

Wir können dieser Schilderung entnehmen, dass diese Frau, ob sie sich gerade in einer Partnerschaft befindet oder nicht, die erwünschten Qualitäten in einem Mann noch nicht gefunden hat. Sie sehnt sich nach diesen Eigenschaften, weil sie ihr selbst entsprechen. Fände sie solch einen Mann, der ihr all dies geben könnte, lebte sie in Harmonie. Ihr Leben im zwischenmenschlichen Bereich ist darauf ausgerichtet, diese erstrebenswerten Tugenden im Gegenüber zu finden. Intuitiv weiß sie, dass es irgendwo einen Mann mit ebendiesen besonderen Eigenheiten gibt, sonst würde sie sich ihn nicht wünschen. Sie sucht nach ihrem sie ergänzenden Seelenpartner. Vielleicht hat sie ihn schon einmal gekannt, war vielleicht auch schon einmal mit ihm vereint und die Erinnerung an ihn ist zwar verschwommen und undurchsichtig, doch niemals ganz erloschen.

Sie verspürt inwendig Momente höchsten Glücks, wenn sie nur an diesen Idealzustand denkt. Ihr unbewusstes Ziel ist es, wieder diese Übereinstimmung anzustreben; und jeder Mann, den sie kennen lernt, wird auf das Vorhandensein ebendieser Charakterqualitäten hin abgetastet.

Es besteht jedoch auch die Möglichkeit, dass sie, wenn sie so große Wichtigkeit auf die Eigenschaften wie Sensibilität, Verlässlichkeit, Treue und Aufrichtigkeit legt, immer wieder in Partnerschaften, gerade in diesen Punkten, enttäuscht wurde. Diese Tatsache könnte darauf hinweisen, dass diese immer wiederkehrenden Enttäuschungen ihr möglicherweise ihre eigenen Schwachstellen aufzeigen möchten, um in ihr die Motivation anzukurbeln, aus eigener Kraft zu versuchen, ihre Schwächen zu erkennen, um sie folglich einmal in Stärken umzuwandeln. Doch auch diese Anschauungsweise steht in keinem Widerspruch zur ersteren. Selbst wenn die tugendhaften Eigenschaften, die sie in einer Partnerschaft vermisst, ihre eigenen Unzulänglichkeiten offenbar werden lassen, so weiß sie doch im Grunde ganz genau, was richtig für sie ist – und wenn es für sie zutrifft, mit ihr übereinstimmt, dann gilt dies auch für ihre andere Seelenhälfte.

Wird das Bild unseres Traumpartners vordergründig von körperlichen Merkmalen dominiert, haben wir im wahrsten Sinne des Wortes ein Abbild, ähnlich einer Fotografie, im Kopf, so gibt es auch für dieses Phänomen mögliche Deutungen.

Zum Beispiel fühlt sich ein Mann immer vom selben Frauentypus angezogen. Er weiß selbst nicht, woher dieses bestimmte Frauenbild, das ständig in seinem Kopf herumschwebt, herkommt. Er weiß nur, dass sein Herz höher schlägt und er seltsam berührt ist, wenn dieses weibliche Bildnis in seiner Vorstellung auftaucht. Ganz genau hat er sie vor Augen; eine zierliche Frauengestalt, ihr lockiges blondes Haar ist zu einem langen Zopf geflochten, aus ihrem blassen, schmal geformten Gesicht leuchten zwei große hellblaue Augen, ihr weit geschnittenes Kleid umspielt fließend ihren zarten Leib und sanft lächelnd bewegt sie sich auf sandigem Boden. Fast einer Traumsequenz gleich, stellt sich dieses Bild zu ganz unerwarteten Zeitpunkten ein, einmal scharf gezeichnet, ein andermal wie durch Nebel geschaut.

Unbewusst wird jede Frau, der er begegnet, mit diesem

in ihm lebendig gespeicherten Frauenantlitz verglichen und auf Ähnlichkeiten hin abgesucht. Keineswegs ist er sich dessen wirklich bewusst, er handelt instinktiv so, ohne zu wissen, dass er es tut, als folgte er einem inneren, logisch unerklärbaren Zwang, der in jedem anderen Frauenantlitz nach *ihr* sucht und heimlich hofft, sie eines Tages auch einmal in einem solchen zu entdecken.

Oftmals mag es vorkommen, dass er ihr Bild schlichtweg vergisst, zu sehr ist er in alltäglichen Pflichten verstrickt, und seine Arbeit fordert ein Zuviel seiner Aufmerksamkeit. Er fährt mit dem Auto, seine Gedanken kreisen um die Aufgaben, die er heute noch erledigen muss. An einer Ampel kommt er zum Stehen, flüchtig blickt er in den Wagen, der neben ihm anhält, er will den Kopf schon wieder in Fahrtrichtung wenden, als es ihn plötzlich wie vom Blitz getroffen durchzuckt: »Da ist *sie* wieder«, durchfährt es ihn in Sekundenschnelle. Im Nebenwagen sitzt eine Frau, ihr langes blondes Haar ist zu einem Zopf geflochten!

Ein andermal sitzt er in völlig entspannter Atmosphäre in einem Restaurant, das Essen hat er bereits eingenommen. Er fühlt sich rundum zufrieden und im passiven, leicht schläfrigen Zustand schweift sein Blick gemächlich über die anderen darin befindlichen Gäste. Seine Augen bleiben jäh an einer weiblichen Person hängen. Mit einem Ruck ist er wieder hellwach und seine ganze Aufmerksamkeit wird von dieser soeben erblickten Frau in Anspruch genommen. Wie gebannt starrt er sie an, beobachtet jede ihrer Bewegungen, die ein eigentümliches Gefühl in ihm auslösen. Die Art, wie sie lächelt und dabei dezent den Kopf zur Seite neigt, die Gestik ihrer Hände, während sie spricht, das alles erinnert ihn an etwas. Und schon steigt wieder *ihr Bild* in ihm auf.

Wir alle erleben solche und ähnliche Erlebnisse irgendwann einmal. Dieses Erfahren muss nicht allein auf Personen beschränkt sein. Manchmal ist es ein Gebäude, eine Landschaft oder ein Gegenstand, der ein vages, undeutbares Erinnern in uns aufkeimen lässt.

Wir sehen etwas zum ersten Mal und doch wissen wir zugleich, dass wir es kennen, da es uns seltsam vertraut ist. Es scheint, als ob unsere Seele gerade zu Zeiten, an denen es wir am wenigsten erwarten, Fragmente ihrer Geheimnisse preisgibt, die dann aber doch wieder rätselhaft für uns bleiben und im Dunkel unserer Unwissenheit entschwinden.

Wenn wir ein Bild unseres Traumpartners in uns tragen, sofern es nicht von Modevorgaben des Zeitgeistes der äußeren Welt beeinflusst oder hervorgerufen wird, ist dies ein sicheres Kennzeichen dafür, dass wir diesem besonderen Mann, dieser besonderen Frau mit ziemlicher Gewissheit schon einmal begegnet sind.

Es ist gar nicht so einfach herauszufinden, ob dieses Traumbild erzeugt wurde, weil die Welt der Medien einen bestimmten Frauen- bzw. Männertypus gerade propagiert, diesen Typus quasi zum Idealbild erkürt und der beeinflussbare, manipulierbare Mensch deshalb meint, einen solchen Partner zu finden, wäre erstrebenswert, oder ob das Traumpartnerbild, unberührt von allen äußeren Einredungsversuchen, unveränderlich in uns aufgezeichnet ist. Jeder, der es wissen will, wird die richtige Antwort in sich selbst entdecken.

Es ist nicht zu leugnen, dass beinahe jeder Mensch, unabhängig von Modeströmungen, eine doch sehr deutliche Vorstellung seines Idealpartners hat. Es kommt nicht von ungefähr, dass der Traummann einer Frau zum Beispiel immer mit dunklem, gewelltem Haar gesehen wird; dass die Traumfrau eines Mannes ihn immer mit veilchenblauen Augen anblickt. Es scheint, als wäre dieses visionär geschaute Bild unlöschbar in der Seele eingraviert.

Für alle diese vielfältigen Phänomene gibt es einen einzigen gemeinsamen Nenner, kann es nur eine mögliche Erklärung geben, nämlich die, dass wir das wahre Aussehen unserer Dualseele in ihrer vorhergegangenen oder weiter zurückliegenden Inkarnation, in der wir womöglich mit ihr vereint waren, nie vergessen können. Deshalb suchen wir heute in diesem Leben nach einem Partner und hoffen insgeheim, dass sich unser Seelendoppel hinter den jeweiligen körperlichen Merkmalen verbirgt.

Menschen, an denen wir eines oder mehrere dieser Merkmale, körperlicher wie charakterlicher Art, entdecken können, sind uns von vornherein sympathisch und wir fühlen uns von solchen angezogen. Wir bemerken an uns ein beinahe zwingendes Bedürfnis, ständig in ihrer Nähe zu sein, und haben oft Schwierigkeit mit unserem Impuls, sie ständig berühren zu wollen, umzugehen.

Diese Anziehungskraft kann sich auch als schwer zu zügelndes Verlangen äußern, unentwegt mit ihnen sprechen zu wollen. Es ist nun einmal so, dass wir das, was wir lieben, gerne um uns haben und mit Menschen, die wir lieben, gerne vereint sein möchten.

Jeder, der diese Darlegungen mit Herz und Verstand verfolgt hat, wird sich in der einen oder anderen Aussage selbst entdeckt haben. Es gibt aber auch solche Menschen, die felsenfest behaupten: »Ich habe kein Bild meines Traumpartners in mir, nicht einmal die geringste Vorstellung habe ich von ihm! Auch ist es mir einerlei, ob sein Haar schwarz, blond, rot oder braun ist, ob er groß oder klein, dick oder dünn ist … und von seinen Charaktereigenschaften weiß ich auch nichts zu berichten, wahrscheinlich gibt es ihn gar nicht!«

Solchen Menschen ist es in der Tat nicht bewusst oder sie scheuen sich es zuzugeben, dass auch sie, wenn schon kein detailgetreues Abbild, doch zumindest Wünsche, was ihren Traumpartner anbelangt, sehnsuchtsvoll hegen. Vielleicht haben sie in zwischenmenschlichen Beziehungen immer wieder dermaßen gelitten, dass sie vorübergehend den Glauben an den idealen Partner, den idealen Mann oder die ideale Frau, verloren haben. Daher schoben sie dieses Hoffen als illusionäres Wunschdenken beiseite und stellten aus Selbstschutz die These auf. »Den Traumpartner gibt es einfach nicht!« Heimlich aber, ganz leise, kaum hörbar raunt ihre Seele und singt inbrünstig das bezauberndste Liebeslied, das der zweiten Seelenhälfte ihre unsterbliche Liebe gesteht, und durch diesen magischen, überirdischen Gesang hofft sie, sie zärtlich anzulocken.

Jenen Menschen, die keine bestimmte Vorstellung ihres Traumpartners formen konnten, die Idee aber nicht von vornherein verwerfen, möchte ich zur Beruhigung sagen, dass mit ihnen alles in bester Ordnung ist.

Gedanken, Vorstellungen oder Ideen haben ihre Entsprechung in Formen und Farben, denen ein bestimmter Duft zu Eigen ist. Der Gedanke offenbart oder zeigt sich in einem immateriellen Bild, das von einem ihm eigentümlichen Duft umschwebt wird. Dieses Bild ist je nach der Person, die einen Gedanken aussendet, individuell geprägt. Denken zwei Menschen das Gleiche, heißt das noch lange nicht, dass sich auch ihre Gedankenbilder gleichen. Jeder schafft sich seine eigenen Bilderketten. Der eine denkt gegenständlich, mehr in Bezug zu Formen, die auf der Erde zu finden sind, Formen belebter oder unbelebter Natur – wie Menschenkörper, Tiere, Pflanzen oder Mineralien. Ein anderer denkt eher abstrakt, mehr in Bezug zu Formen, die an Strukturen, Musterungen, Farbverschlingungen, Zeichen und Symbole erinnern.

Natürlicherweise kann das Bild vom Traumpartner bei einem Menschen, der vorzugsweise abstrakt denkt, keine menschlichen Formen annehmen, sondern sich vielleicht als wunderbare Komposition von sprühenden Farben und anmutigen Formengeflechten zeigen. Obwohl dieser nun keine konkrete Vorstellung seines Traumpartners hat, ahnt oder fühlt er irgendwie doch, dass es ihn gibt. Vermutlich wird er, in bestimmten Stimmungen, an seinen Traumpartner empfindungsmäßig erinnert. Es werden Gefühle in ihm aufsteigen, die ihn zutiefst berühren und weniger ein optisches als vielmehr ein seelisches Bild seines Traumgefährten malen.

Das Bild des Traumpartners kann sich auch im Verlaufe unseres Lebens verändern. Da wir als menschliche Wesen niemals stehen bleiben, sondern uns ständig weiterentwickeln, durch Erfahrungen und Erlebnisse geprägt werden, die unsere Einstellung und Lebensauffassung grundlegend verwandeln können, ist selbstverständlich auch unsere Wunschvorstellung vom Idealpartner einem Wandlungsprozess unterworfen.

Das, was unser Herz zurzeit am meisten begehrt, entspricht haargenau dem derzeitigen Stand unserer Entwicklung. Was immer wir in uns für wahr halten und erkennen können, beeinflusst und formt auch unsere Sehnsüchte. Wachstum und Verlangen stehen stets in analogem Zusammenhang. So klettern wir Sprosse um Sprosse der Lebensleiter aufwärts und träumen von dem Mann oder der Frau, die unserer Reifestufe entspricht, bis wir dereinst ganz oben angekommen sind und nicht länger vom Traummann oder von der Traumfrau träumen, weil er oder sie uns strahlend, lebendig und greifbar gegenübersteht, und in diesem Augenblick vermögen wir zu erkennen, dass die treibende Kraft in den Wünschen bezüglich unseres Traumpartners nichts anderes war als die Sehnsucht unserer Seele, ihre vollkommene Ergänzung im anderen Geschlecht wiederzufinden – in der DUALSEELE!

2.

Liebe auf den ersten Blick

Eng verknüpft mit der Thematik des Traumpartners ist auch der Begriff von der »Liebe auf den ersten Blick«. Hier scheint es so, als hätte sich das Bild unseres Traumpartners stofflich verdichtet. Das Wesen, nach dem wir uns so sehr verzehren, in unserem Herzen durch die Macht des Wünschens und Hoffens gestaltet, steht uns urplötzlich in der Außenwelt, in einem menschlichen, Fleisch gewordenen Körper, gegenüber – und wir lieben es beim ersten Anblick.

Jeder, so denke ich, hat Liebe auf den ersten Blick schon einmal, in welcher Form auch immer, am eigenen Leib erfahren, sollte sich auch später dieses seltsame Erkennen bedauerlicherweise als ein Verkennen herausgestellt haben. – Wie kann so etwas passieren?

Ein Mann begegnet einer Frau, die er nie zuvor gesehen hat, und beim ersten Anblick ihrer Erscheinung geschieht etwas Sonderbares. Eine ihm fremde Unruhe stellt sich ein, ihm wird ganz warm ums Herz, er fühlt, wie es schneller und schneller zu klopfen beginnt, ein freudiges Erregtsein bemächtigt sich seiner, und augenblicklich werden alle anderen Gefühle und Sinneseindrücke ausgeschaltet. Nichts anderes ist mehr wichtig, nichts erscheint ihm mehr interessant, nur *sie* ist da – und sie ergreift Besitz von ihm. Die Welt um ihn herum verschwimmt, fängt an, sich zu drehen, nur der Mittelpunkt bleibt unbewegt, zeigt sich als kleiner, in sich ruhender Kreis … und in diesem Kreis steht *sie*, strahlend wie eine feurige Sonne, die alles andere überschattet. Jäh, wie soeben aus einem

Traum erwacht, nimmt er dann das Alltagsgeschehen um ihn herum wieder wahr. Immer noch blickt er diese Frau an, die er vorher noch nie gesehen hat, und etwas benommen und verwirrt fragt er sich, was sich da gerade mit ihm abgespielt hat. Völlig aus dem Gleichgewicht geraten, fasst er sich langsam wieder und versucht, die Dauer dieses Geschehnisses abzuschätzen. Doch so recht will es ihm nicht gelingen. Sein Verstand meldet sich zurück, der ihm klarmacht, dass dieses Erlebnis nicht länger als Bruchteile von Sekunden gedauert haben konnte. Am liebsten möchte er zu dieser Frau, die sich immer noch in Sichtweite befindet, hineilen und sie in seine Arme schließen. Weil aber menschliche Konventionen ein derartiges Vorgehen nicht erlauben, versucht er, ihr auf andere Weise näher zu kommen.

Kommen wir wieder auf den Kernpunkt zurück und gehen der Frage nach, was es sein kann, das uns Liebe auf den ersten Blick erfahren lässt. Es ist gar nicht so einfach, dieses blitzartige Verliebtsein mit Wörtern unseres gebräuchlichen Sprachschatzes auszudrücken, denn derartige Begebenheiten spielen sich hauptsächlich im feinstofflichen Bereich ab, der unserem physischen Auge unsichtbar und deshalb schwer zu beschreiben ist. Das rechte Vokabular, um diesen unsichtbaren Kraftfeldbereich anschaulich vergegenwärtigen zu können, müsste erst geschaffen und neu definiert werden. Dennoch will ich versuchen, ein verständliches Bild mit uns geläufigen Wörtern zu zeichnen.

Nicht so sehr die äußere Erscheinungsform eines menschlichen Wesens, vielmehr die Ausstrahlung einer Person, die so genannte Aura, von der sie umgeben ist, ist ausschlaggebend für Anziehung oder Abstoßung anderer Menschen ihres Umkreises. Jeder Mensch sendet eine ihm eigentümliche Energiequalität aus, die seiner inneren, geistigen Entwicklung exakt entspricht. Der Grundton dieser Energiequalität bleibt immer erhalten, wenngleich er zeitweise vorübergehende Färbungen erfahren kann, die wiederum von unseren vorherrschenden Stimmungen abhängig sind. Fühlt sich ein Mensch zum Beispiel niedergedrückt, schwingt eine dieser Stimmung adäquate Energieform mit signifikanter Farbe in seinem Strahlungsfeld mit, die sich aber sofort, nachdem er von diesem Zustand wieder befreit ist, auflöst. Fühlt er etwa Regungen von Eifersucht in sich aufsteigen, wird ebendiese Form von Energie mit entsprechender Färbung in seinem Ausstrahlungskreis sichtbar (selbstredend auf feinstofflicher Ebene). Jeder Mensch, der ein gewisses Feingefühl in sich entwickelt hat, spürt in seinem Gegenüber momentane Gefühlsveränderungen, und selbst jene, deren innere Sinneswahrnehmung noch nicht so verfeinert ist, um aktuelle Stimmungslagen anderer Personen aufspüren zu können, sind ebenfalls imstande, Gefühlszustände ihres Gegenübers aufzunehmen, nur sind sie sich dieser Tatsache nicht bewusst, darum kann sie auch nicht registriert werden.

Wir Menschen können allerlei unternehmen, um andere zu täuschen und in die Irre zu führen. Wir können Haltungen einnehmen, die anderen etwas vorspiegeln und einen Schein erwecken, der uns gar nicht entspricht.

Zeitweise mag uns das sogar gelingen, doch das Kraftfeld, das uns vollständig umgibt, kann und wird niemals lügen. Es enthüllt und offenbart jedem Menschen und allem Leben, mit dem wir zu tun haben, unser wahres Wesen.

Diese in groben Zügen geführte Erläuterung der persönlichen Ausstrahlung eines jeden Menschen ist hilfreich, um einen verständlichen Eindruck von dem zu gewinnen, was man allgemein »Liebe auf den ersten Blick« nennt.

Zwei Menschen, ein Mann und eine Frau, treffen aufeinander. Nie zuvor sind sie sich begegnet, in beiden setzt das Herz für Bruchteile einer Sekunde zu schlagen aus, um dann umso heftiger zu klopfen. Unwiderstehlich fühlen sie sich zueinander hingezogen, und ein undefinierbares Erkennen dämmert in beiden herauf. Was ist hier geschehen? Ihre Auren haben sich berührt, und weil sie in Resonanz zueinander schwingen, weil sie sich in Einklang befinden, erleben beide eine derart intensive Reaktion. Der eine strahlt Energiequalitäten ab, die den anderen entweder vollkommen ergänzen oder dessen Eigenenergie verstärken.

Könnten wir sehen, was sich auf feinstofflicher Ebene abspielt, wenn die Auren zweier sich liebender Menschen aneinander treffen, uns würde der Atem stocken beim Anblick dieses wunderbaren Schauspiels – farbige Lichtströme, die ineinander züngeln, sich verweben und sich Funken versprühend in Formen ergießen, die auf irdischer Ebene nur erahnt oder erträumt werden können. Wir wären in der Tat ergriffen und vom Innersten aus verwandelt. Dann wüssten wir mehr über die Macht der Liebe und was sie alles zu vollbringen vermag.

Liebe auf den ersten Blick ist sozusagen ein Erkennen wesenseigener Züge im anderen. Aber unterliegen wir nicht dem Irrtum und glauben, wenn uns derart blitzartiges Verliebtsein widerfährt, dass wir den uns ergänzenden Seelenpartner ein für alle Mal gefunden haben? Wie bereits an anderer Stelle erwähnt, ziehen wir Dinge, Umstände und Menschen herbei, die unserem augenblicklichen Stand der Entwicklung gerecht werden. Wir erhalten immer das, was wir zurzeit am dringendsten benötigen, woran wir entweder wachsen können oder wodurch wir zu Einsichten gelangen, die uns unser Leben neu überdenken lassen. Alles, was in unser Leben tritt, hält uns den

Spiegel vor Augen. Haben wir doch den Mut, unser Spiegelbild zu betrachten, selbst dann, wenn uns nicht immer gefällt, was wir darin erblicken. Seien wir auf der Hut, wenn der Spiegel, anstatt ein Bild zu senden, uns zu sehr blendet: »Es ist nicht alles Gold, was glänzt!«

Nehmen wir an, wir wären von diesem elektrischen Strahl der Liebe auf den ersten Blick getroffen worden und schwebten für die Dauer dieses Zustands beinahe im siebten Himmel, um einige Zeit später festzustellen, dass diese anfangs so verzückende Seligkeit nicht gehalten hat, was sie zu versprechen schien. Manchmal ist es erforderlich, mit Menschen oder mit Partnern in Verbindung gebracht zu werden, um dadurch die Chance zu erhalten, Verfehlungen oder Verirrungen vergangener Leben wieder auszugleichen. Wir können davon ausgehen, dass mit größter Wahrscheinlichkeit eine karmische Verstrickung im Spiel ist, wenn wir auf Menschen in unserem Leben treffen, die uns so magisch anziehen und in die wir uns blitzartig und unwiderstehlich verlieben. Solcher Magnetismus kann einfach nicht dem Gesetz des Zufalls unterliegen, zumal alle geistigen Lehren uns wissen lassen, dass es Zufälle in gemeinhin gültiger Bedeutung überhaupt nicht gibt, sondern alles einer unsichtbaren und unbegreifbaren, wenn auch verstandesmäßig nicht nachvollziehbaren höheren spirituellen Ordnung folgt und gehorcht.

Wenn uns ein anderes menschliches Wesen dermaßen fasziniert, dass es uns für kurze Zeit die Besinnung zu rauben scheint, so hat uns diese Tatsache zweifelsohne etwas Wichtiges zu sagen. Den Inhalt und die Sinnhaftigkeit dieses Sachverhalts aber müssen wir selbst entschlüsseln. Vielleicht gleicht dieses Wesen lediglich in Art und Aussehen stark unserer Dualseele, deren Bild wir fest verankert in unserem Herzen tragen, und wir sind deswegen so unheimlich fasziniert von ihm. Es können aber auch niedrigere menschliche Triebe mit eingeschlossen sein, die ein sofortiges, den Verstand ausschaltendes Verliebtsein hervorrufen. Wir müssen dann schon sehr genau in uns hineinhören, um herauszufinden, was diesen Zustand in uns ausgelöst hat. Doch wie man so schön sagt, macht Liebe blind – und nicht nur blind, sondern auch taub, sodass wir die zarte innere Stimme, die uns kaum hörbar warnt, ihre vagen Zweifel meldet und uns zur Vorsicht aufrufen möchte, gar nicht wahrnehmen wollen. Zu schön ist das schwebende Glücksgefühl, dass wir um keinen Preis der Welt gewillt sind, unsere Augen aufzuschlagen und der Realität ins Auge zu blicken. Doch letztendlich setzt sich die Wahrheit immer durch! Früher oder später, wenn tatsächlich niedere Beweggründe für dieses Verliebtsein ausschlaggebend waren, werden wir ernüchtert feststellen müssen, dass wir einer Illusion, einer bunten Seifenblase nachgelaufen sind, die in schillerndsten Farben glänzte – und dann zerplatzte.

Dabei ist es keinesfalls meine Absicht, den Menschen die Hoffnung und den Glauben an die Liebe auf den ersten Blick nehmen zu wollen. Ich glaube an sie, ich weiß, dass es sie gibt, und wünsche jedem, sie selbst einmal erfahren zu dürfen.

Aber nur wenn man zuvor gelernt hat, zu unterscheiden, zu differenzieren, ist man fähig, diese wunderbare Form der Liebe zu erkennen, wenn sie einem im Leben begegnet. Nur wenige Menschen erfahren die Gnade, ihre wahre Liebe in diesem Leben zu treffen.

Die wahre Liebe, die mit einem einzigen Blick erkannt wird, ist für mich gleichbedeutend damit, dem einzig wirklichen und möglichen Seelenpartner wieder zu begegnen. Es ist ein Erkennen, das alle Zweifel und auftauchenden Fragen ausschließt. Dies ist die Erfüllung, der

Idealzustand, wenn beide Individuen auf derselben Stufe ihrer inneren Entwicklung stehen. Denn Gleiches kann nur von Gleichem erkannt werden.

Nun verhält es sich aber so, dass keiner mit Bestimmtheit weiß, wo er gerade in seinem Wachstumsprozess steht. Selbst wenn er eine gewisse Ahnung und Vermutung diesbezüglich hätte, weiß er immer noch nicht, in welchem Entwicklungsabschnitt sich sein Gegenüber befindet. Mag sein, dass einer im anderen seine wahre Liebe entdeckt, die jedoch vom zweiten Beteiligten nicht oder noch nicht erwidert werden kann, weil diesem die innere Reife fehlt.

Liebe auf den ersten Blick kann nur stattfinden, wenn beide Beteiligten annähernd gleich entwickelt sind, auf seelisch und geistiger Ebene.

Sollten wir uns gerade mitten im Glückstaumel des Verliebtseins befinden, so ist es klug und zulässig, diesen Zustand in vollen Zügen zu genießen, anstatt verstandesmäßig ständig abzuwägen, zu hinterfragen und zu analysieren. Kein anderes Gefühl vermag Menschen in eine derartige Hochstimmung zu versetzen, zu beflügeln und in himmlische Gefilde aufzuschwingen wie das Empfinden und Aussenden von Liebe. Dieser Zustand setzt ungeahnte Kräfte frei und mobilisiert Reserven, sodass plötzlich alles machbar und mühelos erscheint. Nähren wir uns von dieser Energie und machen uns ihre Macht zunutze, um berufliche wie alltägliche Probleme leichter zu bewältigen und zu meistern! Ist es auch noch nicht der Idealpartner oder die uns ergänzende Seelenhälfte, so erhalten wir dennoch die Möglichkeit, unser Wachstum voranzutreiben und bedeutsame Schlüsse im Prozess der Selbsterkenntnis daraus abzuleiten. Eines ist immer gewiss, jeder Entwicklungsschritt in Richtung Vollkommenheit, jedes Stück Weiterkommen im Ganz- und Heilwerden des Menschen, führt uns näher an unseren wahren Seelengefährten heran, verdichtet sozusagen das Bild in unserem Herzen und materialisiert ihn mehr und mehr, bis er eines Tages, in diesem oder einem anderen Leben, tatsächlich, wirklich, greifbar, atmend und lebendig vor uns stehen wird. Ist diese verheißungsvolle Zukunftsaussicht nicht all unsere Mühe wert?

Oft ist das Wirken des Geistes schwer zu durchschauen. Ein Paar hat sich gefunden und in Liebe verbunden; und doch tauchen auch in dieser Beziehung immer wieder dieselben Schwierigkeiten auf. Reibungspunkte, die allem Anschein nach nicht überwunden werden können. Manchmal denken sie sogar an Trennung. Vermutlich hätten sie diese schon längst vollzogen, wäre nicht in beiden die prägende Erinnerung an ihre erste Begegnung ständig gegenwärtig. Bei ihnen war es Liebe auf den ersten Blick. Seltsam war diese Begegnung und tief in ihrem Inneren hat sie einen bleibenden, unauslöschbaren Eindruck hinterlassen. Es war nicht das optische Erscheinungsbild, das den einen am anderen so faszinierte, sondern irgendetwas anderes war da. Etwas, für das keine Worte zu finden waren; etwas, das nicht erklärt werden konnte. Und dieses Etwas ist immer noch spürbar. Zwar ist es wie von undurchschaubar dickem Nebelgewölk verhangen, aber dennoch ist es nicht zu leugnen, dass es da ist. Jeder hat im anderen Vertrautes wahrgenommen, das jedoch Auseinandersetzungen und Meinungsverschiedenheiten nicht verhindern kann.

Ist es überhaupt möglich, für einen solchen Sachverhalt eine plausible Erklärung zu finden?

Dieses Paar irrt sich wahrscheinlich nicht, was ihre ungeheure Anziehungskraft anbelangt und ihre enge Verbundenheit betrifft. Sie haben schon richtig festgestellt, dass da etwas nicht Fassbares über ihnen schwebt. Doch es kommt zuweilen vor, dass zwei füreinander bestimmte Menschenseelen sich zu früh begegnen. Sie fühlen etwas, besitzen aber noch nicht die Reife, würdig und ihnen entsprechend miteinander umzugehen. Jeder hat auf seine Weise eben noch Erfahrungen zu sammeln und Erkenntnisse zu erlangen, um sein Gegenüber gebührend schätzen zu lernen. Solange dies jedoch noch nicht geschehen ist, wird ein Zusammenleben immer unbefriedigend und dürftig, also unerfüllt ausfallen.

Entscheiden sie sich für eine Trennung, kann diese Handlungsweise sehr befruchtend sein. Ohne Zwang und Druck hat dann die Seele Gelegenheit, sich zu entfalten, durch andere Gegebenheiten und Umstände ihrer Reifung entgegenzuschreiten. Wenn man so möchte, kann man diesen Weg des Lernens auch als einen Läuterungsprozess betrachten. Sind im Laufe dieser Wandlung der Persönlichkeit Gefühlsverwundungen geheilt, Schwachstellen des Charakters ausgemerzt und vor allem das Selbstbewusstsein wieder richtig aufgebaut, kann einer Wiedervereinigung mit dem für uns bestimmten Menschen nichts mehr im Wege stehen. Mitunter kann eine Wandlung, wie sie hier beschrieben wird, viele Leben dauern. Ist die innere Entwicklung weiter fortgeschritten, kann sie in einem einzigen Leben verwirklicht werden. Es sollte nicht in unserem Bestreben liegen, eine Antwort auf die Fragen »Warum?« oder »Wie lange noch?« zu finden. Vielmehr sollten wir unsere Konzentration dorthin lenken, wo wir im Augenblick etwas bewerkstelligen und bewegen können, nämlich auf uns selbst.

Kommen wir noch einmal zurück zu dem zuvor beschriebenen Paar, das sich in Liebe auf den ersten Blick begegnet ist. Ich habe ausgeführt, wie zweckdienlich in ihrem speziell gelagerten Fall eine Trennung wäre, welche segensreiche Entwicklung daraus erwachsen könnte. Dies muss aber nicht immer so sein. Haben beide in ihrer inneren Entwicklung bereits eine etwas über dem Durchschnitt liegende Reife erlangt, kann der Beschluss eines Zusammenlebens durchaus viel versprechend sein. Voraussetzung ist aber in jedem Fall ein gesteigertes Verständnis. Damit meine ich das Wissen um die Zusammenhänge geistiger und irdischer Welten. Beide haben in sich erkannt, dass ihre Begegnung in diesem Leben der Fügung einer höheren Macht zu verdanken ist, die ein Geschenk darstellt, das in Würde zu achten ist – eine Kostbarkeit, die nicht jedermann beziehungsweise jeder Frau gegeben ist.

Dieses Paar ist sich nun bewusst geworden, dass ihr Zusammensein zu jener bestimmten Zeit, an jenem besonderen Ort, ein Geschenk des Himmels ist und war. Dass ihre Beziehung nicht problemlos verläuft, dass immer wieder Missstimmigkeiten auftauchen und die Harmonie zwischen ihnen oftmals gestört ist, ist darauf zurückzuführen, dass sie es noch nicht vermochten, ihre Verfehlungen, Irrtümer und Uneinsichtigkeiten, resultierend aus vorangegangenen Leben, in der rechten Art und Weise aufzulösen. Dieses Mal ist ihnen erneut eine Chance geboten, besagte Unreinheiten aus ihrem Leben zu schaffen, und zwar gemeinsam. Dies haben sie annähernd erkannt, wenn auch nicht klar und deutlich. Zumindest fühlen sie, dass eine gemeinsame Aufgabe auf sie wartet. So haben sie sich also dazu durchgerungen, ihr Leben gemeinsam fortzusetzen. Mit Sicherheit wird ihnen dieses Leben die Erfüllung noch nicht bringen, andererseits aber kann es sehr viel Freude bereiten, zu sehen und erleben zu dürfen, wie dieses unnennbare »Etwas«, das zwei Menschenseelen miteinander verbindet, einem formlosen Zustand langsam entgleitet und auf irdischer Ebene beginnt, behutsam, aber unaufhaltsam Gestalt anzunehmen. Dies ist unter der Redewendung »Liebe wächst mit der Zeit« zu verstehen. Auch der

Vergleich der Liebe mit einem zarten Pflänzchen, das immer stärker sprießt und gedeiht, bringt diesen Werdegang sehr schön zum Ausdruck.

Wenn beide nun geschickt vorgehen und jeder Einzelne sich bereit erklärt, vom anderen zu lernen, Geduld und Toleranz zu üben, aber gleichzeitig darum bemüht ist, sein jeweils Bestes zu geben, kann eine Erdengemeinschaft von zwei Menschen doch recht glücklich verlaufen, auch wenn sie noch fernab einer Seelenverschmelzung liegt. Dieses »Immer-schöner-Werden« macht Mut, gibt Sicherheit und vermittelt uns jene Gelassenheit, die notwendig ist, um schließlich einmal das Endziel zu erreichen. Gemeinsam zu wachsen, kann den Weg in Richtung Vollendung enorm abkürzen und ist wesentlich erfreulicher und erbaulicher, als aus lauter Bequemlichkeit vorschnell die Flinte ins Korn zu werfen. Aber all dies ist eine Frage der inneren Reife. Und wer kann schon mit Gewissheit sagen, was tatsächlich im göttlichen Plan für diesen oder jenen Menschen vorgesehen ist? Darum muss jeder die Antwort in seinem Inneren erfragen!

In welcher Gewandung uns Liebe auf den ersten Blick auch erscheinen mag beziehungsweise erschienen ist, ist von geringerer Bedeutung. Bewunderns- und schätzenswert ist die Magie, die sie mit sich bringt. Es ist das elektrische Prickeln, das Leib und Seele belebt und uns Dinge fühlen lässt, die uns emporheben, uns aus dem Alltagsgeschehen hinaustragen, um uns, wenn auch nur für kurze Zeit, den Himmel auf Erden erahnen zu lassen.

Immer wieder hält sie uns das Bild vor Augen, das Ziel, das auf uns wartet. Bis wir aus eigenem Antrieb einmal so weit gelangen, um diesem Zustand Dauer zu verleihen, in ihm die Unvergänglichkeit zu erschauen.

3.

Das Geheimnis der Liebe

Vielen mag es wohl schon abgedroschen erscheinen, wenn man über die Liebe sprechen will. Kein anderes Thema ist so oft in aller Munde. In Liedern wird sie voller Gefühlstiefe besungen, in Gedichten voller Poesie zum Ausdruck gebracht, in Filmen bildreich verarbeitet und in Briefen leidenschaftlich zu Papier gebracht. Das Thema Nummer eins des Menschen verliert einfach nie seine Aktualität.

Über die Jahrhunderte hinweg wurden immer wieder zahlreiche Versuche unternommen, Liebe zu interpretieren und zu definieren. Viele Dummheiten wurden über sie verbreitet, aber von einigen wenigen wurde doch das wahre Wesen der Liebe ihr ungeheures Kraftpotenzial und ihre ewige Wahrheit erkannt.

Mit der Liebe verhält es sich so wie mit der Weisheit und der Wahrheit. Wir können nur jene Liebe erfassen, die wir bereits in und an uns entdeckt haben. Ist der Kanal, den wir als Mensch verkörpern, noch nicht vollkommen rein und gesäubert, wird der Strom von Liebe, der durch ihn flutet, mehr oder weniger Unreinheiten, Ablagerungen und Reste von Schmutz mit sich führen. Der Zustand des Kanals also bestimmt die Qualität der Liebe, die wir zu empfinden fähig sind und die wir aussenden. Deshalb sollte zuerst, wenn wir die Liebe in höchstem Maß verspüren und ausleben möchten, das größte Augenmerk auf unsere seelische Entwicklung gerichtet sein. Dies bedeutet Arbeit am Selbst; bedeutet Selbstvervollkommnung; bedeutet, ständig und unermüdlich nach dem Besten, Wahren, Guten und Schönen zu trachten; bedeutet, unerlässlich unseren Charakter zu veredeln, indem wir alles, was in uns noch hässlich ist und im Schatten schlummert, ans Tageslicht holen und in das Licht der Läuterung stellen. Je mehr und besser es uns gelingt, derart unser Selbst zu berichtigen und uns selbst zu bemeistern, desto wunderbarer, duftiger, strahlender und mächtiger wird auch die Beschaffenheit der Liebe werden, die wir erfahren und die wir von uns geben.

Leider wird unter dem Begriff »Liebe« immer noch hauptsächlich die Anziehungskraft zwischen den Geschlechtern und das Ausleben von körperlichen Bedürfnissen verstanden. Liebe wird allzu oft mit der Befriedigung egoistischer Sehnsüchte verwechselt. Immer sind wir bereit, Liebe entgegenzunehmen, stets erwarten wir sie oder verzehren uns geradezu nach Liebe. Wir warten auf sie, weil wir hoffen und glauben, sie müsste von außen her auf uns zukommen. In jeder Beziehung zu anderen Menschen, seien dies nun unsere Freunde, Bekannte, unsere Kinder, unsere Lebenspartner oder unsere Kollegen, wünschen wir meist, dass uns Liebe entgegengebracht wird. Wir wollen angenommen, begehrt und geliebt sein. Eine Ursehnsucht und ein Grundbedürfnis, das wohl in jedem Menschen wohnt. Wir betrachten Liebe als ein Geschenk, was es tatsächlich ja auch ist. Doch ein Geschenk ist etwas, das immer nur empfangen werden kann. Der Irrtum jedoch besteht darin, dass wir zwar gerne nehmen, immer erhalten möchten, dabei aber vergessen, selbst zu geben. Doch die wahre Freude, die Liebe auslöst, wird erst empfunden werden können, wenn wir selbst lieben, wenn unserem Herzen der Quell aus Licht und Kraft entströmt. Daher ist der weitaus segensvollere Zustand, Liebe aus uns selbst zu schöpfen, sie in uns zu entfalten, um sie dann verschwenderisch an das Leben um uns herum zu verteilen, sie in jeder Erscheinung, die sich uns zeigt, und in jedem Zustand, in dem wir uns befinden, zu verschenken. Warten wir nicht in passiver Stimmung, dass uns die Liebe einmal begegnet, sondern werden wir zu aktiv Liebenden. Wir werden erstaunt sein, was praktizierte Liebe alles in unserem Leben bewerkstelligen kann; was alles, wie von Zauberhand berührt, eine Wandlung zum Guten hin erfährt.

GEDANKEN ÜBER DIE ANWENDUNG VON LIEBE

Liebe kann in gewisser Hinsicht geübt werden. Sie kann selbst so weit entfaltet werden, dass sie anscheinend ohne jegliche intellektuelle Anstrengung selbsttätig zu wirken beginnt. Unter Zuhilfenahme unserer Vorstellungskraft können wir den Vorgang, der im aktiven Lieben vor sich geht, besser veranschaulichen und nachvollziehen.

Werden wir ganz ruhig und sorgen wir dafür, dass wir für die Dauer unserer kleinen Meditation nicht gestört werden können. Besinnen wir uns nun auf den Mittelpunkt unseres Herzens. Wir sammeln alle uns zur Verfügung stehende Konzentrationskraft in unserem Herz-Chakra. Wir sehen diesen Herzmittelpunkt als golden strahlende Sonne, die an Umfang und Intensität zunimmt. Diese Sonne sendet lange, funkelnde Strahlen aus sich heraus …, und wir besitzen Herrschaft über diese Strahlen. Wir können sie lenken. Die Herzenssonne ist die göttliche Gegenwart in uns, die Strahlen, die sie aussendet, sind Träger unserer Liebe. Es liegt innerhalb unserer Fähigkeit, die Liebesstrahlen bewusst und nach Belieben dorthin zu leiten, wo wir es wünschen. Wir können sie zu einem anderen menschlichen Wesen senden, zu einem Tier, einer Pflanze oder in eine Situation hinein, die wir von einer niederen Schwingung befreien und erlösen möchten, um sie in einen Zustand der Harmonie zu erheben. Es bleibt ganz allein uns überlassen, wem oder was wir mit unserer

Liebe beschenken. Bedeutungsvoll ist nur, dass wir es tun und wissen, was wir tun. Es wäre auch ratsam, mit niemandem über unser Tun zu sprechen, damit die konzentrierte Energie nicht zerstreut wird und dadurch möglicherweise eine Schwächung erfährt. Auch brauchen wir uns keine Sorgen darüber zu machen, dass unsere gelenkte Liebeskraft nicht wirken könnte. Sie wirkt mit absoluter Sicherheit und wird ihr Ziel nie verfehlen. In dem Moment, da wir die Liebeskraft zu einem bestimmten Objekt aussenden, findet sie selbsttätig den richtigen Weg und wird pfeilgerade zum Objekt unserer Liebe reisen und dort ihren Segen verbreiten. Auch wenn diese Übung durch unsere Vorstellungskraft gestützt und getragen wird, sollte uns dennoch bewusst sein, dass diese Handlung nicht unserer Fantasie entspringt, sondern eine Realität darstellt. Nur weil unsere Leibesaugen diesen Vorgang nicht erschauen können, heißt das noch lange nicht, dass er nicht auch tatsächlich existiert und möglich ist. Der Empfänger wird zweifelsohne unsere Liebesstrahlen aufnehmen, ob er sich dessen bewusst ist oder nicht.

Wir sollten verschwenderisch mit unserer Liebe umgehen, da sie die einzige Kraft im Weltall ist, die wächst, je mehr wir von ihr geben. Sinnvoll ist es auch, sich keinerlei Gedanken darüber zu machen, ob dieser oder jener Mensch unserer Liebe würdig ist und diese verdient. Alles Leben, das alle Wesen, Erscheinungen und Dinge der Welt beinhaltet, sollte ohne Wertigkeiten mit unserer Liebe versorgt werden. Und gerade jene Menschen, die uns Leid zugefügt haben (sei dies zu Recht oder zu Unrecht geschehen), sollten im Besonderen unserer Liebe teilhaftig werden; denn Hass hat niemals Hass geheilt, nur die Liebe allein vermag Vollkommenheit und Ganzheit wiederherzustellen. Gießen wir Liebe über einen vermeintlichen Übeltäter aus, so wird nicht nur ihm damit geholfen, auch wir selbst tun uns hiermit Gutes und werden gewissermaßen geläutert; da alles, was wir denken und fühlen, sich in den Atomen unseres Körpers einprägt. Wann immer wir deshalb Gutes für andere tun, tun wir es gleichermaßen und gleichzeitig für uns selbst.

Haben wir erst einmal diese Gesetzmäßigkeit des Lebens erkannt, werden wir natürlicherweise darum bemüht sein, in allen Lebenslagen nur noch das Gute und ausschließlich Aufbauendes zu sehen, zu denken und zu fühlen, bis wir dereinst selbst, mit jeder Faser unseres Seins, auf allen Ebenen nur noch diese Vollkommenheit sind und in ihr aufgehen. Liebe ist eine Himmelsmacht, ist Lichtstoff, ist Kraft und Weisheit zugleich.

Unser gesamtes Weltall ist davon erfüllt; niemals könnte Leben ohne Liebe bestehen. Liebe ist jene Kohäsionskraft, welche das ganze Weltall zusammenhält und regiert. Sie ist es, welche die Anziehungskraft zwischen den Atomen beherrscht, sie ist jene Macht, die die Himmelskörper in ihren Bahnen hält und uns Menschen das Dasein auf dem Planeten Erde ermöglicht. Liebe ist eine Eigenschaft Gottes, Liebe ist Gott selbst, der sich ständig über seine Schöpfung ausgießt. Würde diese Liebe auch nur für den Bruchteil einer Sekunde zurückgezogen, so wäre Chaos und Zusammenfall die Folge. Das kann und wird jedoch niemals geschehen, ist doch Gott die Liebe selbst. Liebe ist wahrlich eine Kraft, die in und durch alles wirkt; sie ist der Atem Gottes, der alle Gestalten durchströmt, belebte Formen wie auch scheinbar unbelebten Stoff.

Alles in der Schöpfung, ob Mensch, Tier, Pflanze, Mineral, ja selbst Gegenstände, reagiert auf Liebe. Und dem Menschen, als dem Ebenbild Gottes, ist es gegeben, diese Liebesmacht bewusst zu entfalten und zu versenden. Das Tier-, Pflanzen- und Mineralreich ist eingebettet und abhängig von dieser Liebe. Es lebt in der Harmonie und Ordnung der göttlichen Weisheit und wird von ihr genährt. Nichts vermag diesen ausgewogenen Austausch von Empfangen und Geben zu stören. Alles in diesen Reichen folgt und gehorcht dem göttlichen Willen. Lernen wir daher die hohe Kunst des Liebens mehr und mehr zu beherrschen, so werden wir erstaunt sein, was alles Liebe vollbringen kann.

Selbstlos aus uns strömende Liebe holt das Edelste, Schönste und Beste aus uns hervor, aus den menschlichen Wesen, die unsere Liebe annehmen, aus jedweder anderen Lebensform, und selbst Gegenstände erstrahlen in einem anderen Licht, wenn Liebe auf sie gerichtet wird. Alles im Universum reagiert auf Liebe!

Der Himmelsmacht Liebe, welche wahrlich die höchste Kraft darstellt, die auf Erden wirkt, wohnt die Fähigkeit inne, alles, was ihr nicht gleich ist, aufzulösen und in einen Zustand der Vollkommenheit zu erheben. Liebe befreit von Missklang, verzehrt Unreinheiten und läutert Disharmonien, weil es in ihrem Wesen liegt, Gleichklang zu erhalten beziehungsweise ihn wiederherzustellen.

Womit wir Menschen am meisten Schwierigkeiten haben, ist der begrenzende Umgang mit der Liebe. Anstatt freizügig mit ihr umzugehen, bewerten wir die Dinge und wählen sorgfältig aus, was unserer Liebe würdig ist und was nicht. Liebe ist doch in Überfülle vorhanden, weshalb nur gehen wir so sparsam mit ihr um? Es ist zweifelsohne eine unserer wichtigsten Aufgaben, Großzügigkeit im Lieben zu entwickeln, uns aus unserer Engstirnigkeit zu befreien und unser Herz dermaßen zu weiten, dass alles in und über dieser Welt Platz darin findet. Hier sind wir an dem Punkt angelangt, an dem sich der Kreis zu schließen beginnt und uns wieder mit dem eigentlichen Thema der Dualseelen verbindet. Ohne Kenntnis des wahren Wesens der Liebe könnten wir die große Liebe unseres Lebens, unsere Dualseele, gar nicht erkennen.

Haben wir uns sorgfältig, intensiv und aufrichtig mit der Liebesthematik auseinander gesetzt, werden wir zu der Erkenntnis gelangen, dass wahre Liebe bei weitem den Rahmen unserer Vorstellung sprengt, den wir zuvor von ihr hatten. Die Anziehungskraft zwischen Mann und Frau wie auch der körperliche und seelische Ausdruck davon sind lediglich ein winziger Bestandteil der übermächtigen Liebe. Erst die Betrachtung von dieser höheren Warte aus schenkt uns einen umfassenderen Überblick und lässt uns Zusammenhänge erkennen, die wir im Getriebe und Sog des schnelllebigen Alltags nie durchdringen könnten. Es wird sich herausstellen, dass gewisse Erscheinungen, die wir für Liebe hielten, im eigentlichen Sinne gar nichts mit der wahren Liebe zu tun haben, und in scheinbaren Kleinigkeiten am Rande, denen wir vorher keine allzu große Bedeutung zugemessen haben, wirkliche Liebe zum Vorschein kommt.

Je selbstloser wir lieben, je weniger wir von selbstsüchtigem Verlangen belastet sind, also je weniger wir vom »Habenwollen« geprägt sind, desto reiner und ungetrübter wird Liebe in unser Leben fließen und es mit Seligkeit erfüllen.

Dieser Reifegrad der Persönlichkeit ist die Voraussetzung und die treibende Kraft, um unsere Seelenergänzung anzuziehen. Bestimmt kann sie auch unter anderen Umständen in unser Leben treten, nur kann eine Begegnung, wenn in beiden oder aber auch nur in einem das Wachstum noch nicht weit genug vorangeschritten ist, ein Zusammensein weniger glücklich verlaufen. Die Wonne der Seeleneinheit, die verzückende Empfindung der untrennbaren Verschmelzung, kann erst dann verwirklicht werden, wenn beide diese Entwicklungsstufe erklommen haben.

Eine gleichberechtigte Partnerschaft, in der jeder seine Individualität beibehält, ist ein Zusammenwirken von zwei ausgereiften Kräften, die ihren Dienst höheren Aufgaben zur Verfügung stellen können. Solange aber die Persönlichkeit noch nicht voll entfaltet ist, kann die Kraft nicht höheren Anforderungen gegeben werden, da sie für das menschlich-persönliche Wachstum benötigt wird.

Der sicherste Weg, um unserer Dualseele näher zu kommen, kann daher nur der sein, an der eigenen Selbstbemeisterung zu arbeiten. Je mehr wir daher lernen, die Liebe in der rechten Art und Weise zu verstehen, sie in unserem Leben anzuwenden, desto erfüllter und glücklicher wird sich unsere Zukunft hier auf Erden gestalten. Die Qualität unserer Liebe bestimmt die Umstände, Erfahrungen und Menschen, die uns begegnen. Eine gesteigerte Form der Liebe kann nicht anders, als auch erhebendere Umstände mit sich zu bringen und anzuziehen. Hier liegt das große Geheimnis. Je umfassender unser Verständnis von Liebe wird, je öfter wir Liebe in uns erzeugen, sie als mächtige, Licht bringende Macht in uns fühlen, desto verwandelter wird nicht nur unser Leben werden, sondern wir werden auch reifer und dafür vorbereitet, der für uns bestimmten Seele, unserer Zwillingsflamme, zu begegnen. Niemals können wir sie erkennen, solange wir noch nicht einen gewissen Erkenntnisgrad der Liebe erreicht haben. Sollte ein Zusammenkommen für diese Inkarnation nicht vorgesehen sein, kann trotzdem, wenn besagte Bedingung erfüllt ist, eine Verbindung zustande kommen. Sie wird dann auf einer anderen Ebene stattfinden; entweder durch einen gesteigerten Bewusstseinszustand, der mittels Meditation hervorgerufen werden kann, beziehungsweise wenn wir uns im Schlaf befinden, oder auch bei Tagesbewusstsein kann unsere Dualseele durch die eigene innere Stimme mit uns in Verbindung treten. Erfolgt doch hier die Verbindung direkt von Herz zu Herz, die nichts und niemand unterbrechen kann.

4.

Liegt die Ergänzung im anderen Geschlecht?

In der Genesis steht geschrieben: »Gott schuf den Menschen als Mann und Frau.« Wörtlich genommen kann diese Aussage nur bedeuten, dass der Mensch weder Mann noch Frau ist, sondern beide, Mann und Frau vereint, den ganzen Menschen ausmachen. Hieße das nun für alle Frauen und Männer, die jeweils in einem Geschlecht verkörpert sind, deshalb nur halbe Menschen zu sein? Ganz so kann es doch nicht sein!

Ich denke, dass besagter Satz der Schöpfungsgeschichte mit dem Begriff »Mensch« etwas anderes meint als die rein äußerliche, körperliche Erscheinungsform des Menschen, die sich entweder als Mann oder als Frau auf Erden manifestiert.

Lösen wir uns ein wenig von der irdischen Auffassung des Begriffs »Mensch«, oder besser noch, ergänzen wir diesen Begriff und setzen das Wort GOTT vor diesen, so erhalten wir das Wort »Gottmensch« – und schon kommen wir der wahren Bedeutung jener besagten Genesisaussage ein Stückchen näher. Der wahre Mensch, den Gott als sein Ebenbild erschuf, ist nicht unbedingt gleichzusetzen mit der äußeren Lebensform Mensch, die entweder in einem männlichen oder einem weiblichen Körper auf Erden inkarniert ist. Zwar trägt dieser alle Anlagen, Fähigkeiten und Eigenschaften der Gottheit latent mehr oder weniger ausgebildet in sich, doch zur vollen Meisterschaft hat er es als solcher noch nicht gebracht – das Ebenbild Gottes konnte in seinem Menschsein noch nicht wieder verwirklicht werden. Aber gerade hierin liegt die Sinnhaftigkeit, die Ursache, weshalb wir Menschen in männlichen und weiblichen Körpern auf Erden geboren werden, um in beiden Geschlechtern Erfahrungen zu sammeln, geschlechtsspezifische Stärken auszubilden und derart der Ganzheit entgegenzureifen. Irgendwann einmal lebten wir vielleicht in diesem Zustand der Vollkommenheit, der Einheit, in dem wir Gottes Ebenbild in allem gerecht wurden, ihm deckungsgleich entsprachen. Wir sind aus dieser Einheit gefallen, als wir aufhörten, dem göttlichen Ideal nachzueifern und uns mehr und mehr auf die Seite des Verstandes schlugen, uns den niederen Trieben zuwandten und anfingen, unsere göttlichen Kräfte für selbstische Verlangen zu missbrauchen. So haben wir uns allmählich dem »Himmel« entfremdet und uns im Schattenreich der Materie verstrickt. Die menschliche Bestimmung ist es nun, den Zustand der Einheit, der Vollkommenheit, der Ganzheit wieder zu erreichen. Die Tatsache, dass wir Menschen als Männer und Frauen auf der irdischen Ebene verkörpert sind, liefert uns untrüglich den Beweis dafür, dass wir uns bereits auf dem Wege dorthin befinden.

Die Vollendung der Menschheitsevolution ist der Gottmensch, der die Erde überwunden und ein Gleichmaß männlicher und weiblicher Eigenschaften und Tugenden voll entwickelt und zur Blüte gebracht hat. Ist einem Einzelwesen dies gelungen, kann man davon ausgehen, dass er eine sehr lange Reihe von Inkarnationen in männlichen wie auch in weiblichen Körpern durchlebt hat. Ist er in seiner Reise so weit vorgedrungen, wird es ihm gewährt, mit seiner Dualseele, sofern ihre Entwicklung der seinen angepasst ist, für ewig zu verschmelzen. Dann erst kann vom wahren Menschen nach göttlicher Idee gesprochen werden, wenn die Seele die ihr entsprechende Ergänzung wieder gefunden hat und eins mit ihr geworden ist. Beide erscheinen nun wie eine Wesenheit, bleiben aber immer zwei Individuen, die absolut miteinander harmonieren und im vereinten Zustand Übermenschliches zu vollbringen vermögen. Beide verfolgen ein Ziel, beide arbeiten an derselben Aufgabe, beide vollbringen denselben Dienst, der nur durch ihr vereintes Wirken geleistet werden kann.

Um einmal diese Stufe zu erreichen, ist es notwendig, vorerst gewisse Tatbestände der Zweigeschlechtlichkeit genauer zu untersuchen. Man spricht von einer Teilung in die Geschlechter. Diese Formulierung führt uns schon sehr deutlich vor Augen, dass etwas, das in sich vollkommen ist, in zwei Ausdrucksformen aufgespalten wird. Jede für sich allein ist und bleibt aber dennoch ein vollkommener Ausdruck der Ganzheit. Der Unterschied besteht lediglich darin, dass ein gemeinsames Wirken beschränkt oder noch nicht möglich ist.

Hierzu fällt mir ein Vergleich ein, der zwar ein wenig hinkt, aber vielleicht kann er trotzdem weiterhelfen, deutlich zu machen, wie das gemeinsame Zusammenwirken der Zwillingsflammen verstanden werden kann. Der menschliche Körper besitzt zwei Füße. Jeder einzelne Fuß ist gleich ausgebildet. Das einzige Merkmal, das den einen vom anderen Fuß unterscheidet, ist sein spiegelverkehrter Aufbau. Beide Füße sehen in der Regel gleich aus, haben dieselbe Hautbeschaffenheit, dieselbe Farbe, die gleiche Größe und Anordnung der Zehen, dieselbe Wölbung der Fußsohle und so weiter. Jeder Fuß für sich alleine ist vollkommen und ganz. Die Bestimmung unserer Füße aber ist es, unseren Körper fortzubewegen. Um dies bewerkstelligen zu können, benötigt man eben zwei davon – ein Fußpaar. Was nützt uns ein gesunder Fuß, wenn wir keinen zweiten besitzen, der die Balance herstellt, der uns beim Stehen Standfestigkeit verleiht und beim Gehen die Körperlast abwechselnd trägt. Mit einem Fuß könnten wir im besten Fall auf einem Bein hüpfen oder wie ein Storch einbeinig dastehen. Dies kostet einfach mehr Kraftaufwand und fordert größere Geschicklichkeit und Körperbeherrschung. Zweifelsohne kann man auch das erlernen, jedoch ein anmutiges Schreiten, ein ästhetisches Laufen wird uns mit einem Fuß niemals gelingen. Wenn wir zwei Füße besitzen, doch einer davon ist verletzt, wird uns das gleiche Schicksal, wenn auch nur vorübergehend, ereilen, als hätten wir nur einen Fuß. Ich habe es eingangs schon erwähnt, dass dieses Beispiel sicherlich nicht gerade ideal ist, aber es zeigt uns wenigstens das Ineinandergreifen von Kräften, ein Zusammenarbeiten von zwei aufeinander abgestimmten Wirkungen, um *eine* Sache hervorzubringen, die nur durch Mithilfe zweier gleichgerichteter Energien vonstatten gehen kann.

Vergleichbar lässt sich das vereinte Schaffen von Zwillingsseelenpaaren interpretieren. Ist jeder Teil in sich heil, kann ein Zusammenschluss erfolgen und Dienste entrichtet werden, die nur dann geleistet werden können, wenn beide Hälften gleichermaßen belastbar und gesund sind, wie ein Zahnrad exakt in das andere eingreifen und gemeinsam etwas zu bewegen vermögen.

Der Seelenzustand vieler Menschen, die einen ergänzenden Partner noch nicht gefunden haben, gleicht in vielem dem eines einfüßigen Leibes. Sie geraten oft ins Schwanken und haben große Mühe, das Gleichgewicht zu halten. Gezwungenermaßen in diese Notlage versetzt, wünschen und sehnen sie sich nach einem zweiten Fuß, der ihnen Stabilität, Standfestigkeit, was nichts anderes bedeutet als Sicherheit, sowie Mut und Kraft, vorwärts zu gehen, verleiht.

Tief in ihrem Innern tragen sie die Überzeugung, dass es auch für sie den einzig wahren Seelenpartner gibt. Weil aber die Lebensumstände diese erfüllende Verbindung nicht ermöglicht haben, stecken sie in ihrem Verlangen zurück und suchen nach einem ungleichwertigen Ersatz im anderen Geschlecht. Sie vertreten in etwa die Meinung: »Wenn ich schon den, der mir zusteht, nicht finden kann, so nehme ich halt, was ich bekommen kann!« Dass sie jedoch mit einer derartigen Gedankenhaltung den eigenen Wert herabmindern, ist ihnen leider in den meisten Fällen nicht bewusst oder tritt erst dann in ihr Bewusstsein, wenn es schon zu spät ist.

Partnerschaft ist weitaus mehr als lediglich ein Zusammenleben von Mann und Frau. Die Aufgabe der Familie, insbesondere der Eltern, ist es, die wahren Werte des Zusammenlebens von Mann und Frau an die Kinder weiterzugeben. Sollten sie bemerken, dass die Persönlichkeit der Tochter oder des Sohnes Schaden in einer Partnerschaft nimmt, wäre es weiser, das Kind zu ermutigen, eine solche aufzulösen, als der Welt weiterhin die Fassade einer gelungenen Zweisamkeit vorzuhalten. Denn nicht jeder Mann beziehungsweise jede Frau ist dazu berufen oder bestimmt, eine Lebensgemeinschaft mit einem andersgeschlechtlichen Partner zu führen. Auch das zu entdecken und zu akzeptieren, sollte Aufgabe der Eltern sein.

Die Überschrift dieses Kapitels lautet: »Liegt die Ergänzung im anderen Geschlecht?« Was ist es, das uns diese Frage stellen lässt? Befinden wir uns in einer harmonischen Zweierbeziehung, kommt diese Fragestellung erst gar nicht auf. Wir haben keine Veranlassung danach zu fragen, weil wir alles besitzen, was wir zurzeit benötigen. Aber in gewissen Lebensabschnitten, wenn wir gerade verlassen, einsam und allein, ohne stützenden Partner durch die Welt wandern müssen, überkommt uns oft ein Gefühl der Unzulänglichkeit, und die besagte Frage beginnt in uns aufzusteigen. So gezwungen, nicht immer freiwillig mit der Problematik des Alleinseins konfrontiert, erhält unser sonst gesundes Selbstbewusstsein einen

Dämpfer. Auf uns selbst gestellt oder zurückgeworfen, ohne entlastenden Partner an unserer Seite, kann es mitunter schon vorkommen, dass wir dem Gefühl unterliegen, ohne äußerlich sichtbare zweite Hälfte kein vollwertiges Wesen zu sein. Unsere Sehnsucht aber, die trotzdem weiterhin in uns brennt, die Ergänzung im anderen Geschlecht zu finden, das Bedürfnis, alle Höhen und Tiefen mit einem Menschen zu teilen, der uns liebt, uns versteht und dem an unserem Wohlergehen viel gelegen ist, macht die ganze Sache nur noch schlimmer.

Unsere Seele weiß, dass eine vollkommene zweite Hälfte für sie geschaffen wurde. Dieses innere Wissen gibt sich aber meist nicht als eindeutig formulierter Gedanke kund. In unserem Tagesbewusstsein ist dieses innere Wissen eher verschwommen, weitgehend zugedeckt oder verschüttet. Zu gewissen Zeiten steigt es jedoch als unstillbare Sehnsucht, als verzehrende Wehmut über unser verloren gegangenes Glück an die Oberfläche unseres Bewusstseins.

Nicht nur allein stehende Menschen, sondern auch Menschen, die in einer festen Zweierbeziehung stehen, können von solch einer Herzenssehnsucht überfallen werden. In solchen Phasen sind die betroffenen Menschen äußerst empfindsam und innerlich aufgewühlt. Sie fühlen sich gedrängt, diese sie im Inneren quälende Sehnsucht irgendwie zu stillen. Der Irrtum, dem Menschen in derartigen Perioden geneigt sind zu unterliegen, ist der, dass sie meinen, sie müssten in der Außenwelt die Erfüllung finden. Was jedoch im Inneren keimt, kann nur dort wachsen und zur vollen Entwicklung gebracht werden. Erst was im Inneren vollkommen entfaltet wurde, kann als synonyme Entsprechung im Äußeren in Erscheinung treten. Im übertragenen Sinn heißt das, dass wir unsere Ergänzung in uns selbst entdecken müssen, bevor wir sie als Spiegelbild, als Projektion in der Außenwelt zu erkennen vermögen.

Unsere gesteigerte Sehnsucht zeigt uns dabei haargenau auf, wo wir anzusetzen haben. Denn wir können uns nur nach etwas sehnen, das wir nicht besitzen, was noch nicht wieder Teil unseres Wesens geworden ist.

Unsere ureigensten Sehnsüchte, welche Eigenschaften betreffen, die wir im anderen Geschlecht erfüllt sehen möchten, geben interessante Aufschlüsse über die eigene Person. Weshalb meinen wir, ohne Mann oder ohne Frau ein halber Mensch zu sein? Fragen wir uns einmal ganz ehrlich, weshalb wir zuweilen glauben, ohne einen Partner nicht vollwertig zu sein. Liegt die richtige Ergänzung, also das Ganzsein, tatsächlich im anderen Geschlecht? Oder könnten wir sie womöglich auch in uns selbst finden? Versteckt sich nicht vielleicht doch eine kleine Portion Egoismus, Selbstsucht oder Bequemlichkeit hinter unseren Wünschen, die wir ans andere Geschlecht stellen? Womöglich können wir die eine oder andere Frage selbst beantworten, wenn wir die Ursachen ergründen, welche Forderungen an unser Gegenüber entstehen ließen. Stellen wir eine persönliche Liste mit Stichworten auf, die Eigenschaften repräsentieren, die wir von unserem Partner erwarten oder erfüllt sehen möchten. Die Liste könnte etwa folgende Eigenschaften enthalten:

Mein Partner sollte mitbringen beziehungsweise mir vermitteln:

LIEBE,

GEBORGENHEIT,

STÄRKE,

SCHÖNHEIT,

GEDULD,

TOLERANZ,

VERSTÄNDNIS und KLUGHEIT

Wenden wir uns nun jeder Eigenschaft und Tugend zu und behandeln wir sie im Einzelnen. An erster Stelle unserer Auflistung steht LIEBE. Sicherlich ist Liebe das A und O der Welt. Jedes menschliche Wesen hat ein natürliches Bedürfnis, Liebe zu geben und Liebe entgegenzunehmen. Wir sehnen uns nach einem Partner, der uns Liebe gibt. Wichtig ist jedoch herauszufinden, wie hoch die Kapazität der eigenen Liebesfähigkeit ist. Es ist durchaus berechtigt, für unsere eingebrachte Liebe eine Erwiderung erwarten zu dürfen. Vermissen wir immer wieder den reinen Ausdruck und Austausch von Liebe in unseren Zweierbeziehungen, sollten wir vielleicht einmal die Frage in uns zulassen, ob wir uns etwa selbst zu wenig lieben und erhoffen, dieses Defizit mit einem Partner ausgeglichen zu sehen.

GEBORGENHEIT ist die Nummer zwei in unserer Liste. Dieses Wort erinnert wohl jeden von uns an seine Kindertage, in denen wir wohl behütet im familiären Schoß das Sicherheit vermittelnde Empfinden von Wärme und Schutz erfahren haben. Geborgenheit, jene schützende, erwärmende und nährende Hand, die uns in Sicherheit wiegt, entzieht sich uns meist mehr und mehr, je älter beziehungsweise je erwachsener wir werden. Die Kühle und Rauheit des alltäglichen Klimas lässt die Sehnsucht in uns heranwachsen, wieder eine solche bergende Hand zu finden. Wo sonst, außer in einer erfüllenden Partnerschaft, könnten wir als Erwachsener die Qualitäten wie Schutz, Sicherheit und Wärme suchen? Womöglich in unserem eigenen Wesen? Ist es nicht oft so, dass wir uns einen Menschen wünschen, der uns Geborgenheit schenkt, weil wir uns alleine, auf uns selbst gestellt, so verloren fühlen?

STÄRKE lautet der dritte Punkt, den uns der ideale Partner vermitteln sollte. Stärke bedeutet, mit Unerschrockenheit das Leben zu meistern, Herausforderungen und

Widerständen die Stirn zu bieten, sich nicht von entgegengerichteten Kräften einschüchtern zu lassen, Widrigkeiten, gleich welcher Art, nicht so ohne weiteres zu akzeptieren und stets sich selbst treu bleibend das Rechte und Gute für andere wie für die eigene Person mit Vehemenz einzufordern.

Sind wir vielleicht irgendwo zu schwach, weshalb wir die Tugend der Stärke in unserer andersgeschlechtlichen Ergänzung erwarten und sie von ihr erfüllt sehen möchten?

SCHÖNHEIT ist ein weiterer Aspekt unserer Liste. Dabei gilt zu unterscheiden, welche Schönheit wir meinen. Beziehen wir uns auf die Schönheit des ganzen Menschen, also auf seine inneren Werte, oder auf seine äußere Erscheinung, oder aber wünschen wir, dass der Partner unsere Schönheit bestätigt? Vielleicht sehnen wir uns nach einer hübschen Frau, um als Mann die eigene Person aufzuwerten. Oder wir begehren als unscheinbare Frau einen attraktiven Mann, um wenigstens als Paar die Blicke der Umwelt auf uns zu ziehen.

GEDULD, TOLRANZ und VERSTÄNDNIS sind drei weitere Eigenschaften unserer Auflistung. Ich möchte sie gemeinsam behandeln, weil alle drei irgendwie miteinander verwoben sind und die eine als natürliche Folge der anderen angesehen werden kann.

Wir möchten einen Partner, der sich geduldig mit uns zeigt, der Schwachpunkte unserer Persönlichkeit toleriert und weitgehend Verständnis für unsere Mängel aufbringt. Warum erwarten wir dies von einem Partner? Etwa deshalb, weil uns schon bewusst geworden ist, dass wir nicht perfekt sind. Wir erwarten von unserem Gegenüber die Tugenden von Geduld, Toleranz und Verständnis. Machen wir es uns nicht ein wenig zu einfach, immer einen Partner verantwortlich zu machen für Qualitäten, die uns selbst fehlen? Geduld, Toleranz und Verständnis könnten ebensogut in der eigenen Persönlichkeit entwickelt werden.

KLUGHEIT ist die letzte Eigenschaft unserer Wunschliste. Was immer man auch unter Klugheit verstehen kann und will, man möchte einen Partner, der über ein breit gefächertes Wissen verfügt. Wir ersehnen in ihm eine Person, die Antwort auf viele unserer Fragen weiß. Eine Person, die uns weiterhilft, falls wir einmal keinen Ausweg mehr wissen sollten. Eine Person, die uns Zusammenhänge zu erklären vermag und vielleicht auch Lehrer für uns sein kann. Suchen wir vielleicht nur deshalb einen Partner, der uns Hilfe anbietet, weil wir uns selbst nicht zu helfen wissen?

Dem aufmerksamen Leser wird aufgefallen sein, dass unter jeder Tugendbeschreibung Fragen an die eigene Person gestellt werden. Alle diese Fragen laufen darauf hinaus, ob die Wunschanforderung an den Partner nicht auch von uns selbst erfüllt werden könnte. Dies kann ausnahmslos mit einem »Ja« beantwortet werden. Schlussfolgernd wirft dies neuerdings die Frage auf: »Ist das Begehren und Wünschen von Eigenschaften an einem Partner beendet, wenn wir selbst die erstrebten Eigenschaften und Tugenden in uns entfaltet haben?« Es ist eine Kompensation, den eigenen Schwächen und Mängeln blind gegenüberzustehen und zu glauben, die Lösung darin zu finden, nach einer Ergänzung zu suchen, die diese bereits in Stärken umgewandelt hat. Zweifellos kann diese Idee verwirklicht werden, doch keinesfalls wäre ein solcher Partner eine Ergänzung für uns, sondern lediglich ein Ausgleich. Eine göttlich erfüllte Partnerschaft kann nur dann erlebt werden, wenn sie von zwei heilen, in sich vollendeten Wesen eingegangen wird.

Unsere Wunschliste an den Partner hat uns geholfen zu

sehen, was in uns noch unvollkommen ist, welche Tugenden wir in uns aufzubauen haben beziehungsweise welche schlechten Eigenheiten einer Transformation bedürfen. An diesem Punkt angelangt, helfen uns keine Ausreden mehr weiter, wir können uns selbst nicht länger betrügen, da wir nun wissen, wo wir anzusetzen haben. Anstatt weiterhin auf fremde Hilfe zu hoffen, sie von anderen Persönlichkeiten zu erwarten, reift beharrlich das Bewusstsein in uns heran, das uns deutlich macht: »Die bedeutendste Person in unserem Leben sind und bleiben immer wir selbst!« Wir sind der einzige Meister in unserer Welt! Wir sind es, die bestimmen, was in unsere Welt zu kommen hat – und was nicht!

Nur ein intensives Befassen mit der eigenen Person und das Aufspüren von Bedürfnissen, Wünschen und Sehnsüchten sowie ein unentwegtes In-sich-Hineinhören kann uns auf dem Weg der Selbstentfaltung Stück für Stück weiterbringen. Deshalb ist es unerlässlich, einen Partner an der Seite zu haben, der als Spiegel dient. Sicherlich kann ein Spiegel das Bild verzerren und, wenn er getrübt ist, vernebelt wiedergeben, doch ein anderes Motiv kann er uns nicht zurückwerfen. Sind wir aufrichtig genug, können wir unser eigenes Spiegelbild im anderen erblicken, auch wenn uns nicht immer gefällt, was wir gerade sehen. Verhält es sich so, müssen wir an uns etwas verändern oder wir müssen uns nach einem anderen umsehen, wenn unser Spiegelbild derart verunstaltet ist, dass wir uns selbst nicht wieder zu erkennen vermögen.

Die Suche nach einem Partner des anderen Geschlechts muss uns nicht unweigerlich eine Ergänzung bringen, sondern zwischengeschlechtliche Beziehungen können wunderbare Gelegenheiten darstellen, die eigene Person besser kennen zu lernen und Lektionen zu durchschauen und zu meistern. Wenn es auch ein mühsamer Weg zum Gipfel der Selbsterkenntnis ist, sollten wir dennoch dankbar sein, Partnern zu begegnen, die uns das Leben manchmal erschweren, denn sie sind die bedeutsamen Meilensteine, die uns dem vorbestimmten Ziel, dass absolute Erfüllung verspricht, beharrlich näher bringen.

Es gibt Situationen im Leben vieler Männer und Frauen, die eine anscheinend absolute Ergänzung im anderen Geschlecht gefunden hatten, wo sich aber nach einer gewissen Zeit die Beziehung wieder auflöste. Warum kann so etwas geschehen? Weshalb kann etwas, das bereits Vollkommenheit zum Ausdruck brachte, wieder auseinander gehen?

Alles hat auf Erden seine Zeit, nichts auf der Welt ist von Ewigkeit, nichts ist von Bestand, wenn es nicht dem göttlichen Ideal auf Erden Ausdruck verleihen kann. Handelt es sich nicht um die einzig mögliche Verbindung von zwei füreinander bestimmten Seelen, muss sich diese zwangsläufig, früher oder später, wieder auflösen. Gemeint ist hier ausschließlich die untrennbare Vereinigung der Duale.

Jedoch kann jede Form der Verbindung von Mann und Frau uns auf die endgültige Verschmelzung mit unserem Zwillingsstrahl vorbereiten und uns die Chance zu einer Reifung bieten, die uns für dieses göttliche Ereignis, den Höhepunkt menschlichen Daseins, würdig werden lässt. Ein Beispiel mag diesen Vorgang des Reifens verdeutlichen:

Eine junge Frau hat gerade ihre erste gescheiterte Beziehung hinter sich. Sie ist fein fühlend, kreativ, künstlerisch begabt, liebt Musik und Tanz, ist an philosophischen Themen äußerst interessiert, doch im Augenblick kann sie in all ihren mitgebrachten Talenten keine so rechte Erfüllung mehr finden. Ihr Herz wurde zutiefst verletzt. Sie sucht Trost und Heilung für ihre verwundeten Gefühle, um wieder ungetrübte Freude an ihren Neigungen zu verspüren, und einen Partner, der ihr Stütze ist, ihr Sicherheit bietet und Geborgenheit vermittelt. Ihre Herzensverwundung könnte in einer derartigen Atmosphäre sicherlich rascher genesen. Nehmen wir an, sie begegnet nun einem Mann, der keine allzu ausgeprägte künstlerische Neigung aufweist und auch auf dem Gebiet der Philosophie nicht einschlägig bewandert ist. Doch er fühlt sich stark zu diesem Mädchen hingezogen, weil er irgendwie spürt, dass sie sein Interesse an diesen Dingen fördern kann. Er tut sich schwer, sich in Worten treffend und elegant auszudrücken, deshalb ist er von ihrer sprachlichen Gewandtheit fasziniert und hört ihr mit Begeisterung und freudigem Interesse zu, wenn sie spricht. Durch ihr natürliches sprachliches Geschick öffnet sie auch seine Bereitschaft, mehr aus sich mittels des Wortes herauszugehen. Durch diese gegenseitige Anziehungskraft motiviert, beschließen die beiden zusammenzubleiben. Ihre Beziehung verläuft harmonisch und glücklich, und beide sind für einander ein Gewinn. Der Mann entdeckt durch seine Partnerin Gefühlstiefen, die ihm bisher verschlossen waren, und die Frau empfängt vom Mann Energien, die sich nährend und heilend auf ihr verletztes Herz auswirken. Ihre körperliche Nähe und Vereinigung empfinden beide als äußerst beglückend, da sich ihre Energien vermischen und der eine jeweils dem anderen den nötigen Kräftebedarf gibt. Ein ausgeglichenes Verhältnis von Empfangen und Nehmen herrscht in ihrer Beziehung vor. Die Gegenwart des Mannes, die dem Mädchen Schutz, Sicherheit und Geborgenheit vermittelt, lässt allmählich ihr verwundetes Herz heilen und stärkt ihr Selbstbewusstsein. Einhergehend mit dieser Entwicklung bemerkt sie jedoch immer deutlicher, dass sie in den gemeinsamen Gesprächen nicht das bekommt, was sie eigentlich haben möchte. Sie dringen nicht in jene Tiefe vor, zu der sie fähig ist. Sie hat zwar in ihrem Partner Bereitschaft und Fähigkeiten auf künstlerisch-philosophischer Ebene geweckt, doch reichen diese nicht aus, ihre Bedürfnisse auf diesem Gebiet zu stillen. Sie beginnt sich nach einem Menschen zu sehnen, der ihr in diesem Bereich mehr geben kann. Da sie jetzt selbst die notwendige Stärke in sich entwickelt hat, benötigt sie nicht länger einen Mann, der ihr Stütze ist, der ihr Trost und Heilung schenkt. Aus dem hilfsbedürftigen, schutzlosen Mädchen ist eine selbstbewusste junge Frau geworden, die um ihren Wert und ihre Stärke weiß.

Die anfängliche Anziehung zu dem Partner schwindet mehr und mehr dahin, da sie nun selbst besitzt, was er ihr geben kann. Weil er ihren neu entwickelten Ansprüchen nicht mehr gerecht werden kann, weil er sie nicht entsprechend zu befriedigen vermag, werden beide vor die Situation einer Trennung geführt.

Dies klingt vielleicht ein wenig hart, doch die gegenseitige Anziehungskraft basiert meist auf unseren momentanen Bedürfnissen, solange wir als Mensch die Ganzheit noch nicht erreicht haben. Deshalb darf es uns nicht verwundern, wenn wir manches Mal von Personen hingerissen sind und uns in diese womöglich leidenschaftlich verlieben, die im Grunde gar nicht unseren Wunschvorstellungen entsprechen. Diese können völlig konträre Interessen haben, müssen uns äußerlich als Person gar nicht ansprechen oder können Ansichten vertreten, die uns zuwiderlaufen; und trotzdem besteht eine unerklärliche gegenseitige Faszination und Anziehung. Der Grund liegt darin, dass der andere Energieformen abstrahlt, die uns zum gegenwärtigen Zeitpunkt fehlen, und weil diese Person, die kurzzeitig sogar unser Partner werden kann, uns Schwingungen zuführt, die uns reifen lassen. Leider aber haben solche Strohfeuererscheinungen keinen Bestand.

Da es nicht die reine, ungetrübte, selbstlose Liebe ist, die unvergänglich aus unserem Herzen scheint, sondern Suche und Bestreben der eigenen Person, die Balance zu finden, muss unweigerlich, sobald das Gleichgewicht wieder gefunden wurde, die Verbindung auseinander gehen. Dies geschieht dann ganz wie von selbst, wenn die Anziehungskraft verblasst ist. Wenn keinerlei Magnetismus mehr am anderen hält, stellen wir bedauerlicherweise fest, dass unser Partner doch nicht der Richtige für uns ist; und unsere Sehnsucht nach dem einen, wahren Partner, der absoluten Seelenergänzung, wird wieder wach. Ein fatales Missverständnis, das immer wieder zu Enttäuschung und Kummer führt, liegt darin, dass dieses Ausgleichsstreben der Persönlichkeit anfangs mit wahrer Liebe verwechselt wird. Gerade sehr junge Menschen, die weder Erfahrungen noch Vergleichsmöglichkeiten sammeln konnten, halten diese Übermacht an Gefühlen und jene unheimliche Anziehungskraft für die große Liebe ihres Lebens und wagen, ohne die Folgen berechnen zu können, den Schritt in die Ehe. Nach einigen Jahren aber, wenn sich die Bedürfnisse verändern, in dem einen oder anderen bislang verborgene Talente zur Oberfläche drängen, die ihrem Leben eine ganz andere Richtung verleihen, keimt eine Unzufriedenheit auf, und die Zweisamkeit wird dann als nicht mehr beglückend empfunden.

Oftmals ist es dann schon zu spät für eine Neuorientierung, weil gemeinsame Kinder in die Welt gesetzt wurden. Eine in diesem Fall durchaus berechtigte Trennung wird aus Rücksichtnahme auf die Kinder verworfen und Disharmonien und Reibereien in Kauf genommen.

Aber der Kinder wegen eine Beziehung aufrechtzuerhalten, die sich bereits verbraucht hat und im Grunde gar nicht mehr existiert, ist der nächste Fehler, der begangen wird. Kinder sind äußerst feinfühlig und sie sind es, die zuerst spüren, wenn zwischen den Eltern etwas nicht stimmt. Ständig dieser vergifteten Atmosphäre ausgesetzt, wird ihr zarter Seelenzustand weitaus mehr belastet, als wenn die Eltern getrennt leben würden.

Weiterhin wird, wenn eine angebrachte Trennung verhindert wird, ein Partner mehr Schaden davontragen als der andere, nämlich jener, der in geistig höhere Sphären vordringen möchte. Falsch verstandenes Pflichtgefühl, sei dies nun selbst auferlegt oder vom zweiten Partner erzwungen, hält den Höherstrebenden zurück und hemmt seine seelisch-geistige Entfaltung, die aber sein gottgegebenes Geburtsrecht darstellt.

Eine wirkliche Partnerschaft kann nur dann funktionieren und sich glücklich gestalten, wenn sie von zwei gleichwertigen, in Geist und Seele gesunden, annähernd ähnlichen Wesen eingegangen wird. Alle anderen Verbindungen von Mann und Frau, bei denen diese Voraussetzung nicht gegeben ist, sind von Anfang an zum Scheitern verurteilt. Wobei aber auch diese unabdingbar sind im Prozess der Selbsterkenntnis und der menschlich-persönlichen Weiterentwicklung.

Jede Seele muss sich zuerst selbst finden. Diese Anschauungsweise steht in keinerlei Widerspruch zum Dualseelengedanken, zumal unsere Zwillingsseele nicht an ein besonderes Geschlecht gebunden ist. Auch sie hat die Möglichkeit, in Körpern beiderlei Geschlechts Erfahrungen zu sammeln. Deshalb kann es auch vorkommen, dass zwei Seelenhälften in demselben Geschlecht auf Erden inkarnieren. In diesem Fall wäre die Mühe vergebens, sie im anderen Geschlecht zu suchen.

Ein zweiter Aspekt bezieht sich auf die wahre, ewige, untrennbare Verschmelzung oder Wiedervereinigung zweier füreinander bestimmter Seelenhälften. Diese kann nur im Inneren geschehen. Die vollkommene Vereinigung der Seelen vollzieht sich in einer höheren Ebene. Körperlich können wir uns mit unterschiedlichen Partnern vereinen, aber diese Art der Vereinigung kann nur auf der physischen Ebene vollzogen werden und hat mit der wirklichen Verschmelzung der Seelen in den wenigsten Fällen etwas gemein. Wenn unsere Seele auch zuzeiten einen Körper bewohnt, so ist dieser doch nur ihr Haus oder ihr Kleid. Die Seele gehört der geistigen Welt an, während der Körper, den sie belebt, der dichtesten Form von Materie, der stofflichen Welt, angehört. Zwar ist es unumstritten, dass die Seele durch den Leib wirkt, aus ihm strahlt, entscheidend sein äußeres Erscheinungsbild prägt und sein Aussehen gestaltet, doch dürfen wir nicht den Fehler machen, Körper und Seele gleichzusetzen. Vielmehr sollten wir im Bewusstsein festhalten: »Wir sind Seele und haben einen Körper!« Das Erkennen unseres Duals ist deshalb nur in einer Seelenebene möglich. Ohne Ansehen der Person, sei diese nun weiblich oder männlich, wird unsere Seele die ihr zugehörende Ergänzung erkennen, wenn die Zeit einer Begegnung reif geworden ist. Es ist nur allzu menschlich, dass sich eine Person, die gerade als Frau geboren wurde, instinktiv nach einem männlichen Gegenpart sehnt, oder umgekehrt, wer einen männlichen Körper bewohnt, die Ganzheit in der Frau sucht. Es entsteht aus dem Gefühl, dass Vollkommenheit ein ausgewogenes Verhältnis von weiblichen und männlichen Energien darstellt – und nach diesem Zustand streben alle Wesen.

Deshalb glauben die suchenden Menschen, automatisch Vollkommenheit zu erreichen, wenn sie sich mit dem anderen Geschlecht verbinden. Wir alle müssen immer wieder dieselbe Erfahrung machen, dass dies nicht so ohne weiteres gelingen will. Weshalb?

Wer in diesem Leben zum Beispiel als Mann auf die Welt gekommen ist, hat nicht nur einen inneren Auftrag mitbekommen, um ihn zu erfüllen, sondern auch eine äußere Mission zu erledigen, die den inneren Lebensauftrag stützen und fördern sollte. Schon die Tatsache, dass man als Mann geboren wurde, zeigt, dass die Wahl des Geschlechts dabei nicht unwesentlich ist. Männliche Eigenschaften sind es, die die Seele stärken und zur Entfaltung bringen sollte, und der weibliche Gegenpol ist der ideale Maßstab, um herauszufinden, inwieweit dieses Ziel schon verwirklicht wurde. Jeder bedarf des anderen Geschlechts, um sich weiterzuentwickeln.

Solange wir aber in »Bedürftigkeit« leben, ist es unmöglich, die wahre Einswerdung mit der zweiten Hälfte unserer Seele zu erfahren. Je entschlossener wir sind, uns aus der Bedürftigkeit zu erheben und Eigenschaften und Tugenden selbst zu erwerben, desto weniger benötigen wir immer ein Gegenüber, das unser Defizit ausgleicht. Wir entdecken die Ganzheit in uns selbst, und dann erst sind wir reif und würdig, unserer Dualseele sowohl im Inneren als auch in der Außenwelt zu begegnen. Vollkommenheit im eigenen Wesen zu verwirklichen, bedeutet gleichermaßen, unserem Seelenzwilling näher zu kommen und ihn als solchen kontinuierlich mehr und mehr zu erkennen; ist er doch schließlich ein Teil von uns.

Durch Selbsterkenntnis wird unser Verstehen umfassender. Größere Zusammenhänge und bisher unenträtselbare Geheimnisse des Lebens werden uns durch Selbstvervollkommnung offenbar, die exakt dem Wachstum unserer Persönlichkeit entspricht. Aus den tieferen Schichten unseres Seins quillt das Wissen an die Oberfläche, dass es einen Menschen gibt, mit dem wir uns vollständig ergänzen. Ein solches Wesen existiert, gibt es einzig und allein für uns, und wir werden es wieder erkennen, wenn es sich uns in der Welt nähert. Uns ist nun ganz und gar klar geworden, dass wir in jeder zwischengeschlechtlichen

Beziehung nach etwas anderem suchten, als wir bislang bekommen haben. Heute wissen wir, es ist die spirituelle Komponente, die wir in vorangegangenen Beziehungen vermissten. Übermächtig ist die Sehnsucht in uns angeschwollen, die nach den richtigen ergänzenden Schwingungen verlangt und jetzt umso energischer nach dieser einzigen Person sucht, welche allein uns diese geben kann. Eine untrügliche Gewissheit herrscht in uns vor, dass es diesen einen besonderen Menschen für uns gibt, deshalb sind wir nicht mehr länger gewillt, Kompromisse in unseren Beziehungen einzugehen.

Es mag sein, dass wir uns zu Personen hingezogen fühlen, die einige Eigenschaften des »wahren Partners« besitzen, und schließen aus diesem Grund vorübergehend ein Bündnis mit ihnen oder gehen eine innige Beziehung mit ihnen ein. Jedoch dauern diese Verbindungen auch nur einen gewissen Zeitabschnitt, der uns als Vorbereitung für den uns bestimmten Partner dient. Denn im Herzen wird, haben wir einmal die Existenz unserer Dualseele angenommen, ihr Dasein nie mehr vergessen, was bewirkt, dass die gegenseitigen Anziehungskräfte immer stärker werden, bis wir sie schließlich finden und ihr leibhaftig gegenüberstehen.

Befinden wir uns als Mann oder Frau gerade in einer eher dürftigen Lebenssituation, vielleicht weil wir von unserem Partner verlassen wurden oder keinen beziehungsweise den rechten Partner einfach nicht finden können, dann sollten wir uns davor hüten, den Fehler zu begehen, den Kopf hängen zu lassen, zu resignieren oder die Schuld allein bei uns zu suchen. Wurden wir in eine solche Lage gebracht, aus eigener Unzulänglichkeit oder durch Fremdverschulden, so hat auch dieser Zustand seinen tieferen Sinn. Natürlich ist diese Aussage kein Trost für Menschen, die momentan unter diesen Gegebenheiten zu leiden haben, denn solange wir uns mittendrin in diesen Krisen befinden, sind wir unfähig, den wahren Wert zu erfassen, den sie uns bringen können. Haben wir erst ein wenig Abstand erreicht, vermögen wir mitunter auch positive Seiten unserer schicksalhaften Zwangslage zu erkennen.

Diese Zeit des »Auf-sich-allein-Gestelltseins« kann durchaus sinnvoll genutzt werden. Die Arbeit am Selbst erhebt uns auf eine höhere Warte, von der aus viele Dinge, die uns vorher so viel bedeuteten, plötzlich in einem anderen Licht erscheinen. Selbst wenn wir keinen Partner an unserer Seite haben, der uns stützt, können wir die Fähigkeit erlangen, ohne fremde Hilfe aufrecht zu stehen und weiterzugehen.

Wirklich alleine sind wir als Menschen niemals. Ständig sind unsichtbare Augen auf uns gerichtet, verfolgen und überwachen unseren Lebensweg und hüllen uns in Liebe. Je bewusster wir mit diesen unsichtbaren Wesenheiten in Kontakt treten, desto mehr Hilfe und Inspiration können sie uns zukommen lassen; und wenn es sein soll, werden sie uns mit unserer Dualseele zusammenbringen.

Aber erst wenn wir gelernt haben, uns selbst voll und ganz anzunehmen, uns zu lieben und dankbar zu sein für das Leben, das jeden Augenblick durch uns strömt, sind wir bereit und fähig, auch ein anderes von Gottes Kindern zu lieben. Sind wir so weit gelangt, dann wird jener ersehnte Partner, die zweite Hälfte unserer Seele, auch sichtbar und stofflich greifbar neben uns stehen. Mit ihm wiedervereint, kann der gemeinsame Weg in die Unendlichkeit angetreten werden. Das persönliche Wachstum ist dann abgeschlossen, das selbstsüchtige Wollen überwunden und nur das Wohl der gesamten Menschheit liegt den vereinten Zwillingsflammen am Herzen.

5.

Gedanken über die Ehe

Haben wir uns schon einmal gefragt, weshalb eigentlich eine Institution, der wir den Namen »Ehe« gaben, in die Welt gerufen wurde? Brauchen wir denn so etwas? Wenn zwei Menschen sich lieben, dann ist das gut und soll so sein. Ob diese nun heiraten oder auch nicht, ist ohne Bedeutung. Schließlich fühlen sich beide verbunden, sie lieben sich und sind ein Paar. Wenn sie nun vor das Standesamt oder den Traualtar treten, wird dieser Akt weder innerlich noch äußerlich etwas an ihrer Zusammengehörigkeit ändern. Wozu also noch eine Hochzeitszeremonie und eine schriftliche Beurkundung? Weil es so feierlich, schön und romantisch ist? Ja, auch deswegen, aber nicht nur. Was also gibt es noch, das so eine vom Alltagsgeschehen abgehobene Handlung begründet?

Die Menschen verlangen nach einer Sicherheit, nach etwas, das sie ver- und absichert. Weil alle wissen, dass das Leben stetiges Verändern bedeutet, lassen sie sich allerlei Dinge einfallen, um dieses Gesetz zu übergehen beziehungsweise außer Kraft zu setzen.

Es entspringt unserem Bedürfnis nach Sicherheit, der Idee des Unvergänglichen, des Ewigwährenden, eine sicht- und greifbare Gestalt zu verleihen. Wir benötigen ein Symbol, das in Händen gehalten, das betrachtet und hergezeigt werden kann, eine Urkunde, welche unsere Idee dokumentiert und fixiert. Was wir jedoch scheinbar vergessen haben oder nicht so genau wissen, ist, dass alles, was dem reinen Herzen entfließt, was aus der Liebe geboren wurde, der Ewigkeit zugehört und somit nicht dem Gesetz der Vergänglichkeit anheim fallen kann. Wenn Mann und Frau eine aufrichtige gegenseitige Liebe verbindet, so kann nichts und niemand in der Welt dieses Liebesbündnis trennen oder auflösen. Darum ist und wäre eine schriftliche wie mündliche Beurkundung dieser Verbindung überflüssig. Es ist wohl der Mangel an Vertrauen in die unüberwindliche Macht der Liebe, der sie bewegt, eine weltliche Stütze aufzubauen, an die sie sich jederzeit anlehnen können. Eine Heiratsurkunde kann eine derartige Stütze sein, wenn es um das Zusammenleben von Mann und Frau geht. Aber die Zeit hat immer wieder gelehrt, dass ein Aufrichten derartiger Stützen keine hundertprozentige Garantie auf Unvergänglichkeit sichern kann. Diese Stützen brechen in sich zusammen, früher oder später, wenn sie nur äußerlich errichtet wurden und nicht Symbol und Spiegelbild der inneren Wahrheit sind.

Diese Sichtweise ist eine persönliche Art der Betrachtung. Mit ziemlicher Gewissheit wird sie aber sowohl von Menschen, die zwar ihr Leben mit einem Partner teilen, diesen aber nicht ehelichen möchten, als auch von Menschen, welche eine Heirat befürworten, angenommen werden können. Sagt sie doch aus, dass die Ehe einerseits keine Garantie für ein ewiges Zusammensein gibt und andererseits eine Heirat für eine gute, funktionierende Partnerschaft nicht vonnöten ist.

Die standesamtliche Heirat zweier Menschen ist keine wirkliche Eheschließung, sondern lediglich ein schriftlich niedergelegtes Abkommen, das Mann und Frau vor den Augen des Gesetzes als eine Einheit berücksichtigt. Ich bitte, hier nicht missverstanden zu werden. Selbstredend ist ein Eheschluss vor dem Gesetz eine verbindliche Vereinigung zweier Partner, wenn er als Randsymbol oder als ein ergänzender äußerer Akt der göttlich inspirierten Hochzeit betrachtet wird. Die Ehe wird mit anderen Worten auch als »heiliger Bund« formuliert. Heilig deshalb, da dieses Bündnis in Gottes Gegenwart geschlossen wird beziehungsweise geschlossen werden sollte. Nicht die weltlich-gesetzlich verankerte Komponente ist ausschlaggebend, sondern die spirituelle, im Geistigen geprägte Verbindung zweier Menschen, die durch den Eheschluss eine Einheit vor Gott bilden. Dies ist für viele Menschen allzu selbstverständlich, anderen wiederum klingt es zu pathetisch. Versuchen wir daher eine Sprache zu finden, die nicht nur jedermann versteht, sondern die unzweideutig umreißt, was von unumgänglicher Bedeutung ist.

Die Ehe ist ein heiliges Gelöbnis von äußerst intimer Natur. Mann und Frau vor Gott! Da aber ein Großteil der Menschheit sich einer direkten Verbindung zur Gottheit nicht bewusst ist oder sich eine direkte, unmittelbare Verbindung nicht zutraut, glaubt sie einen Vermittler zu benötigen, der den Kontakt von Mensch zu Gott herstellt. In allen erdenklichen Glaubensrichtungen und Religionen finden wir einen solchen Mittler, der meist ein Priester ist, wenn es sich um eine kirchliche Trauung handelt. Der Priester ist sozusagen Gottes Stellvertreter auf Erden. Eigentlich würde diese Dreiheit schon genügen, um ein eheliches Bündnis zu schließen. In der Regel aber benötigen wir noch eine Person, vielleicht um ganz sicherzugehen, dass alles seine Richtigkeit hat – nämlich den Trauzeugen. Der Trauzeuge, meist eine den Eheleuten nahe stehende, doch neutrale Person, bestätigt gewissermaßen, dass eine Heirat wirklich stattgefunden hat.

Ist dieses Hochzeitszeremoniell nicht schön und klug durchdacht? Auch wenn Mann und Frau den gegenseitigen Eid für Liebe und Treue ablegen könnten, still und schweigsam, ganz im Geheimen, ohne kirchlichen Segen und ohne ein gesetzliches Dokument dafür zu erhalten, und obwohl dieser Beschluss dieselbe geistige Gültigkeit besäße, wählen doch sehr viele den Weg, eine Ehe so zu vollziehen, dass die Welt um sie herum von ihrem Entschluss in Kenntnis gesetzt wird.

Seit Urzeiten erschafft die Menschheit Rituale. Allen rituellen Handlungen liegt ein gemeinsamer Nenner zugrunde, nämlich der, dass etwas von großer innerer Bedeutung, etwas von hochheiligem Wert, in der Außenwelt Ausdruck verliehen wird. Aus dem Bestreben heraus, die Tiefe der Gefühle und die Ernsthaftigkeit der Gedanken von innen nach außen zu transportieren. Rituelles Handeln kommt einer Schöpfungstätigkeit gleich; eine nichtstoffliche Realität wird durch gewisse Weihehandlungen materialisiert. Ihr wird sozusagen ein stoffliches Kleid genäht, um diese Realität auch für Menschenaugen sichtbar zu machen. Auch wenn wir Menschen mehr oder weniger spirituell eingeweiht sind, verlangen wir doch nach etwas Formhaftem. Durch rituelles oder zeremonielles Handeln heiligen wir eine bestimmte Sache und verehren die Magie des Unaussprechlichen, die hinter ihr steckt. So auch im Akt der Vermählung! Wenn zwei Menschen beschließen, in Zukunft gemeinsam durch das Leben zu gehen, muss dieser tief schürfende Beschluss entsprechend bekrönt werden, durch ein Zeremoniell, das eine feierliche, abgeklärte Stimmung erzeugt und auf alle Anwesenden übergreift. Eine himmlische Idee wird auf die Erde gezogen und mithilfe von Symbolen und Versprechen wird sie in der irdischen Ebene verankert.

Wenden wir uns in diesem Zusammenhang einmal näher den Symbolen rund um die Hochzeit zu, um vielleicht so manche verloren gegangene innere Bedeutung wieder zu entdecken. Die Zahlensymbolik mag uns dabei helfen, ihren tieferen Sinn zu entschlüsseln. Im Hochzeitsgeschehen finden wir die Zahlen Eins, Zwei, Drei und Vier. Die Zwei steht für das Paar, Mann und Frau, die vor

Gott (Drei) zu einer Einheit verschmelzen möchten. Die Zahl Vier steht für die Materie, wir finden sie in der Person des Trauzeugen, der den göttlichen Bund auf Erden bestätigt.

Betrachten wir eines der klassischen Hochzeitssymbole – die Trau- oder Eheringe. Den Trauringen wohnt wohl die aussagekräftigste Bedeutung inne. Augenscheinlich setzen sie vordergründig ein äußeres, sichtbares Zeichen, das Mann und Frau als zusammengehörig erscheinen lässt. Bewusst wird der Ehering in unseren Breitengraden am Ringfinger der rechten Hand getragen. Die rechte Hand ist die Handelnde, die Aktive, jene Hand, die zupackt. Die rechte Hand wird als die Positive, die Gute, die Gebende, aber auch als die Bewegende angesehen. Anders betrachtet wird dies zum Beispiel im Kulturkreis der Perser. Sie stecken nämlich den Ehering an den Ringfinger ihrer linken Hand. Als ich dies zum ersten Mal beobachtete, fragte ich irritiert eine persische Schulfreundin, ob sie denn schon geheiratet hätte. Nein, sagte sie mir, derzeit sei sie lediglich verlobt. Ich fragte neugierig weiter, weshalb sie denn dann ihren Verlobungsring an der rechten Hand trüge. Sie lächelte mich an und versicherte mir amüsiert, dass alles seine Richtigkeit besäße. »Weißt du«, sagte sie mir aufklärend, »wir Perser tragen den Trauring bei vollzogener Ehe an der linken Hand. Solange wir verlobt sind, tragen wir ihn rechts.« Ich fragte sie weiter: »Weshalb ist das so? Welche Bedeutung liegt diesem Umstand zugrunde?« Die Antwort, die ich anschließend bekam, hat mich sehr berührt und zugleich eine subtile Freude in mir ausgelöst. Die Antwort lautete schlicht und einfach: »Die linke Hand ist direkt mit dem Herzen verbunden und ist ihm näher als die rechte Hand.«

Immer wieder können wir beobachten, dass der östliche Kulturkreis sich in einem wesentlichen Aspekt von unserer westlichen Lebenssicht unterscheidet. Die Orientalen lenken ihre Aufmerksamkeit vorrangig auf die geistigen Inhalte des Lebens, während der Westen sich eher auf die äußeren Erscheinungen der Welt konzentriert. Als Handelnde, sozusagen in der Welt Schaffende, messen wir der rechten Hand größere Bedeutung zu, da sie die greifende, die bewegende, die aktive ist. Die Menschen des Ostens beziehen sich mehr auf die inneren Werte, deshalb wird für das Tragen des Eheringes die linke Hand bevorzugt, ist sie doch die passive, jene, die aufnimmt und empfängt und obendrein dem physischen Herzen näher ist. Ein Symbol, das zeigt, dass der Ehe eine tiefere Bedeutung zukommt als ein allein im Weltlichen begründetes Bündnis zwischen Mann und Frau.

Der goldenen Glanz sowie die Kreisform der Ringe verrät in seiner Symbolik noch mehr. Gold, das edelste aller Metalle, steht für Glück, ist die reine geistige Sonnenenergie in transformierter Schwingung. Gold steht für das Glück, welches in einer ehelichen Gemeinschaft vorherrschen sollte und diesen Bund leuchtend überstrahlt.

In der kreisrunden Ringform spiegelt sich die Idee der Vollkommenheit, der Einheit und der Ewigkeit wider. Der Kreis oder der Ring hat weder Anfang noch Ende, ein Synonym für das eheliche Bündnis, das Unvergänglichkeit ohne Anfang und Ende ausdrücken soll sowie ewig währende Einheit. Der Kreis, als Linie gezogen, umschreibt eine runde Fläche. Schützend umhüllt er ein Zentrum, in das nichts Störendes eindringen kann. In diesem Sinn kommt zur Einheitssymbolik noch eine Schutzsymbolik hinzu, welche ein inneres Heiligtum vor fremden Einflüssen bewahrt.

Der Brautstrauß und der Blumenschmuck, mit welchem liebevoll die Örtlichkeit, an der ein Hochzeitszeremoniell abgehalten wird, dekoriert ist, führt uns zu einem weiteren Symbolgehalt, der in der Hochzeit zu finden ist. Zumeist werden gerne weiß blühende Blumensorten verwendet, aber auch andersfarbige Blumen. Wiederum gibt auch hier die gewählte Farbe Aufschluss über das Leitmotiv, mit dem eine Ehegründung überschrieben ist. Dominieren gelbe Blumen, herrscht wohl ein gutes Übereinkommen auf intellektueller Ebene vor. Erwählen sich die Brautleute vordergründig rosa blühenden Blumenschmuck, lässt sich daraus ableiten, dass ein zärtlicher Umgang miteinander und ein liebevolles, von Sanftheit getragenes Entgegenkommen unter den zu Vermählenden zum Ausdruck kommt. Der klassische weiße Blumenschmuck steht für alle guten und schönen Dinge gleichzeitig, da das gesamte Farbspektrum des Regenbogens im Weiß enthalten ist. Der Duft, der den Blumen entsteigt, berührt die Seele, verbindet den Menschen mit himmlischen Reichen und lässt ihn die allgegenwärtige Nähe geistiger Regionen empfinden. Es kommt nicht von ungefähr, dass duftende weiße Blumen, wie etwa die Lilie oder die Rose, oft mit den Himmelsboten oder Engeln in Verbindung gebracht werden.

Das Umfeld oder der Rahmen, in dem eine Hochzeit stattfindet, hat nur jene Bedeutung, welche die beiden Brautleute in sie legen. Manche wünschen sich ein religiösfeierliches Zeremoniell, das ihre Ernsthaftigkeit durch derartiges Abgerücktsein vom Alltagsleben besonders hervorhebt, während andere eine intime Schlichtheit bevorzugen. Schließlich soll eine Hochzeit Spiegelbild der sich vereinenden Wesen sein und ihre seelische Beschaffenheit ohne Verzerrung wiedergeben.

Im Zusammenhang mit der Dualseelenthematik wäre die Frage zu diskutieren, welche Rolle eine Ehe unter Seelenpartnern spielt. Aller Wahrscheinlichkeit nach ging das Wissen um die Existenz der Dualseelen oder Zwillingsstrahlen während der vergangenen Zeitalter weitgehend verloren. In den Herzen der Menschen hat sich dieses kostbare Wissensgut nur noch als geheimes Ahnen, als verzehrende Seelensehnsucht oder als intuitives Erkennen dieser Wahrheit erhalten. Ein Teil dieses Wissens ist jedoch nie wirklich in Vergessenheit geraten. Tief im Innern wusste die Menschheit, dass das Mysterium der Dualseelen zum göttlichen Weisheitsplan gehört. Im Laufe der Entwicklung und des Zeitenwandels wurde zwar dieser Teilaspekt des Schöpfungsplans mehr oder weniger verschüttet, zugedeckt, vielleicht auch verfälscht, doch immer wieder tauchen hier und dort Bruchstücke auf, welche diese alte Wahrheit beweisen. In jedem Kulturkreis der Erde, soweit wir seine Geschichte zurückverfolgen können, finden wir Überlieferungen mündlicher und schriftlicher Art sowie künstlerische Darstellungen in allen Zeitepochen, die von der Existenz der Dualseelen künden. Wie immer wir es wenden oder zu interpretieren versuchen, es lässt sich nicht leugnen, dass hinter allem ein Mosaiksteinchen der Wahrheit zu entdecken ist. Der Gedanke der Dualseelen hat im menschlichen Gemüt überlebt, alle Menschheitsphasen unbeschadet überdauert und stets die Kenntnis vermittelt, dass er der göttlichen Weisheit entsprungen ist. Da die Menschheit ein unbändiges Bedürfnis hat, allem im Innern Erkannten und Erfühlten einen im Äußeren sichtbaren Ausdruck zu verleihen, wurde schließlich irgendwann einmal die Form der Ehe, wie wir sie heute kennen, geboren. Deshalb ist der ursprüngliche Gedanke der Ehe ein grober Ausdruck einer geistigen Idee. Nichts anderes als die (Wieder-)Vereinigung von zwei füreinander bestimmten Seelen will er als irdisches Symbol ausdrücken. Der Ausspruch »Wahre Ehen werden im Himmel geschlossen!« deutet den spirituellen Sinngehalt der ehelichen Gemeinschaft an. Die wahre Ehe, die wirkliche, die einzig mögliche, die es geben kann, ist die Verschmelzung unserer Seele mit ihrer zweiten Hälfte. Alle anderen Vereinigungen von Mann und Frau beruhen auf menschlicher Wahl und haben mit der wahren oder himmlischen Ehe nichts gemein.

Was die Menschheit heutzutage aus der Ehe gemacht hat, überschattet größtenteils die Reinheit des göttlichen Ideals, das hinter ihr steht oder sich durch sie ausdrücken sollte. Wüssten wir um dieses Mysterium, auf dem die Ehe gegründet wurde, wären wir wohl achtsamer in der Auswahl unserer Ehepartner. Da den Menschen jedoch dieses absolute Wissen abhanden gekommen ist oder sie einfach nicht gewillt sind, sich dieser Wahrheit zu stellen, gehen sie Ehen ohne tiefere Überlegungen ein und wundern sich dann noch, weshalb sie in einer Ehegemeinschaft so wenig Glück finden!

Aber weil wir heiraten *möchten,* weil wir etwa nach höherer sozialer Stellung streben, weil wir finanzielle Sicherheit wünschen, weil wir nicht alleine leben wollen, weil wir zu bequem sind, anfallende Arbeit ohne Hilfe auf uns zu nehmen, weil ein Leben zu zweit billiger, einfacher und leichter zu tragen ist, suchen wir uns einen Partner, der uns die halbe Last abnimmt. Wo bleibt da das göttliche Ideal?

Keinesfalls will ich allen Ehepaaren derartige Motivationen unterstellen, mitunter gibt es auch wirkliche Liebesheiraten. Doch schon in dem Wort »Liebesheirat« finden wir den nächsten Irrtum und Fehler, der zumeist begangen wird. Fälschlicherweise wird geschlechtliche Anziehungskraft, körperliches Begehren, gegenseitiges Gefallen, emotionale Abhängigkeit und Verliebtsein für Liebe gehalten. Heiraten nun Menschen aus diesen Beweggründen heraus, ohne vorher charakterliche Eigenheiten des Partners, die für ein Zusammenleben unerlässlich sind, abgeklärt und überprüft zu haben, wird sehr schnell die

Seifenblase, die angeblich für Liebe gehalten wurde, zerplatzen. Übrig bleibt nichts.

Ein Merkmal, an dem wir untrüglich ermessen können, ob ein Eheschluss angebracht, richtig und harmonisch verlaufen wird, ist nicht, wie irrtümlich oft angenommen wird, die Anziehungskraft zwischen Mann und Frau, sondern einzig und allein eine Übereinstimmung im seelischen Bereich und auf geistiger Ebene. Kommen Geist und Seele der Persönlichkeit in einer Partnerschaft zu kurz, ist ein unabwendbares Ende schon vorauszusehen. Eine Ehe, in der Seele und Geist der Partner sich gegenseitig nähren und befruchten, kann von Glück bringendem Bestand sein, selbst dann, wenn körperliche Bedürfnisse nicht allzu ausgeprägt gelebt werden. Ein weiterer Aspekt, ob sich eine Ehegemeinschaft für beide Partner gewinnbringend gestalten wird, darf nicht außer Acht gelassen werden. Dieser Aspekt betrifft den Reifegrad und den Entwicklungsstand der Persönlichkeiten. Voraussetzung ist, dass beide Teile einen annähernd ähnlichen Status in ihrer menschlich-seelischen Entwicklung erklommen haben. Das Maß der Fortgeschrittenheit ist von geringerer Bedeutung. Wesentlicher ist hier das Gleichmaß oder die Gleichwertigkeit des beiderseitigen Niveaus. Ist ein Partner haushoch dem anderen überlegen, wird sich stets irgendeine Form der Unzufriedenheit einstellen – und zwar bei beiden. Eine Balance kann und wird sich gemäß diesem Fall nie einstellen können. Ein Ehepartner wird immer mehr darunter leiden als der andere. Entweder wird sich der Unterlegene minderwertig, vielleicht auch nutzlos und gering schätzen und unter diesen Gegebenheiten sehr zu leiden haben. Oder aber es trifft den Höherentwickelten mehr, da er in seinem Vorwärtsstreben durch den anderen gehemmt wird. Diese Gefahr besteht hauptsächlich bei Eheleuten, die zu früh geheiratet haben. Fasziniert vom anderen, in jugendlicher Unbeschwertheit, vermeinten sie, im fröhlichen, geselligen, herzerfrischenden Gegenüber den Partner fürs Leben gefunden zu haben. Dass aber auch die jugendliche Begeisterungsfähigkeit im Fortschreiten der Jahre und mit dem Sammeln von Erfahrungen eine Wandlung erfährt, wird in dieser Zeit der Unbelastetheit leider allzu gern vergessen beziehungsweise nicht einkalkuliert. Einige Ehejahre später erwacht so mancher ernüchtert aus diesem Traum. Anfangs vielleicht will er es noch gar nicht so recht wahrhaben, denkt optimistisch, dass sich alles schon wieder einrenken wird. Doch auch dieses Denken wird auf die Dauer nicht vermeiden, dass das Unglücklichsein sich noch tiefer eingräbt.

Irgendwann einmal wird er vor der Tatsache stehen, dass der anfänglich gemeinsam beschrittene Weg sich gegabelt hat und nun in eine andere Richtung zielt. Was also tun, wenn man sich in solch einer Situation wieder findet? – Sich selbst gegenüber aufrichtig sein, das Herz befragen, ohne falsche Sentimentalität abwägen, ob es nicht sinnvoller wäre, dem eigenen Lebensauftrag zu folgen und ihn schließlich zu erfüllen, als künstlich und qualvoll eine Zweierbeziehung aufrechtzuerhalten, die eigentlich schon zerbrochen ist.

Viele Ehen beziehungsweise solche, die nur so genannt werden, wären besser nie eingegangen worden. Wie viel Kummer, Sorge, Traurigkeit und Verzweiflung hätte vermieden werden können, wenn die Menschheit verantwortungsbewusster und wacher der Ehe gegenüberstehen würde.

Ich möchte noch mit einem weiteren Vorurteil aufräumen, nämlich dem, dass eine Eheschließung für einen »normalen« Menschen unabkömmlich ist. Ein althergebrachter Erziehungsbestandteil ist das so genannte »Maß«

einer Ehe. Wie heißt es doch so schön: »Ein Mann muss ein Haus bauen, einen Baum pflanzen und einen Sohn zeugen!« Oder: »Aufgabe beziehungsweise Bestimmung der Frau ist es, Kinder zu gebären!«

Obwohl wir in einer Zeit leben, die von vielen Menschen als fortschrittlich, modern und freizügig bewertet wird, kann festgestellt werden, dass Menschen, die ihr Leben nicht mit einem andersgeschlechtlichen Gefährten teilen, oft geringschätzig angeblickt werden. Haben ein Mann oder eine Frau ein Alter erreicht, in dem die meisten Geschlechtsgenossen bereits in einer festen Zweierbeziehung leben, drängt sich in vielen Gemütern der Gedanke auf: »Mit dem oder mit der muss irgendetwas nicht stimmen!« Einem großen Prozentsatz der Menschen ist es unverständlich, dass Lebenserfüllung auch außerhalb einer Ehegemeinschaft gesucht und gefunden werden kann. Einige unsere Mitmenschen tragen einen Auftrag in sich, den man vielleicht auch als eine innere Mission bezeichnen könnte, die ihre Bestimmung nicht erreichen würde, wenn solche auserwählten Menschen sich für eine Heirat entschließen würden. Die Gründung und Erhaltung einer Familie fordert ihren Einsatz und ihre Zeit. Menschen, die für anderes bestimmt oder berufen sind, würden ihrer Sendung nicht gerecht werden, wenn sie die innere Stimme missachten, indem sie eine Ehegemeinschaft eingehen, die die Erfüllung ihres Lebensauftrags hemmen oder gar vereiteln könnte. Doch können solche begnadeten Menschen von ihrem Weg nicht abschweifen, da sie Hilfe und Führung aus höherer Ebene erhalten, sollten sie doch einmal in Zwiespalt geraten.

Die wahren Werte, die derart Berufene für den Rest der Menschheit leisten, können meist nicht ermessen werden. Dahinter verbergen sich oft Errungenschaften auf den Gebieten der Technik, Kunst, Naturwissenschaften oder neue spirituelle Entfaltungsmöglichkeiten. Ihr wahrer Ehepartner ist gewissermaßen die göttliche Eingebung, und ihre gezeugten Kinder sind die Produkte ihrer Arbeit. Dennoch haben auch diese Menschen natürlich ihre Dualseele. Weil aber ein Zusammenkommen oder eine Vereinigung mit dieser auf Erden ihr Schaffen beeinträchtigen könnte, erfolgt der Kontakt zu ihr auf einer feinstofflichen Ebene, der nicht einmal bewusst sein muss. Dieses Treffen im Geiste kann oft wesentlich befruchtender und beglückender sein als ein Zusammenleben in körperlicher Nähe. Alltägliche Reibereien, kleinere Ärgernisse und Streitpunkte, die unweigerlich in einer äußeren Lebensgemeinschaft auftreten, wie triebhafte Begierden und Wünsche, die zu sehr vom eigentlichen Ziel ablenken könnten, sind in derartigen Seelenbeziehungen von vornherein ausgeschlossen. Was bewirkt, dass der eine räumlich getrennte Seelenteil sich voll und ganz der ihm anvertrauten Aufgabe widmen und sich ohne die unvermeidlichen Abschweifungen unumschränkt auf sein Lebensziel konzentrieren kann.

Nehmen wir an, bei diesem Menschen würde es sich um einen Wissenschaftler handeln. Seine Forschungsarbeit nimmt ihn so in Beschlag, dass ein geregelter Tagesablauf nicht zu verwirklichen wäre. Wann immer er Inspirationen empfängt, verspürt er einen unwiderstehlichen Drang, diesem augenblicklich nachzugeben – sei dies nun in frühesten Morgenstunden oder mitten in der Nacht. Mit Sicherheit würde ein derartig engagierter Mann keine vorbildliche Vaterfigur beziehungsweise keinen wünschenswerten Ehepartner abgeben. Deshalb verspürt er in sich auch kein Verlangen, zu heiraten und eine Familie zu gründen, fühlt er doch, dass die göttliche Vorsehung ihn für anderes bestimmt hat. Er hat seinen Lebensauftrag erkannt und bleibt ihm treu.

Ein eheliches Bündnis ist daher nicht unbedingt die Bestimmung jedes Mannes beziehungsweise jeder Frau. Für manch einen mag es von Vorteil, ja geradezu zwingend notwendig sein, im Zusammenschluss mit dem anderen Geschlecht die eigene Person besser kennen zu lernen, den Charakter zu veredeln und spitze Kanten der eigenen Wesenszüge zu entschärfen. Ein andersgeschlechtlicher Partner kann unter Umständen ein sehr nützliches Instrument darstellen, die verwundeten Schwachstellen der eigenen Persönlichkeit zu operieren und zu heilen. Je offener und bereitwilliger man dies erkennt und anerkennt, desto erfolgreicher kann eine partnerschaftliche Beziehung oder Ehe sich gestalten. Anderen Menschen wiederum würde ein ehelicher Bund Fesseln auferlegen und die Erfüllung ihres speziellen Lebensauftrags erheblich einschränken, um nicht zu sagen, unmöglich machen.

Deshalb sollten wir Menschen uns davor hüten, allzu voreilig die Lebensführung mancher Mitmenschen kritisierend zu verurteilen, wenn ihre Auffassung von Lebenssinn nicht unseren Vorstellungen entspricht. Wir sind nicht allwissend und können daher oft nicht durchschauen, welcher göttliche Weisheitsplan sich in ihrem menschlichen Dasein verbirgt und nach Verwirklichung drängt. Auch müssten wir vollauf damit beschäftigt und ausgefüllt sein, den eigenen Lebensauftrag zu verwirklichen sowie das eigene Leben in Ordnung zu halten. Entscheidend am Ende unsere Tage ist nur das *eigene* Vorwärtskommen, nicht das der anderen. Deshalb sollten wir nicht über andere urteilen und damit aufhören, ihnen sagen zu wollen, was richtig und gut für sie ist. Wir haben alle Hände voll damit zu tun, das eigene Leben seiner Bestimmung näher zu bringen.

Ich möchte nochmals im Besonderen auf jene Menschen zurückkommen, für welche in ihrer diesmaligen Inkarnation ein Eheschluss oder eine andersgeschlechtliche Partnerschaft nicht vorgesehen ist. Einige unter ihnen haben diese Form der Lebensführung freiwillig gewählt. Doch gibt es auch solche, die berufsbedingt in eine Ehelosigkeit hineingezwungen werden. Nennen wir nur als Beispiel den Berufsstand eines katholischen Priesters. Das Zölibat verbietet ihm, ein Leben gemeinsam mit einer Frau an seiner Seite zu gestalten. Es ist sicher niemandem entgangen, dass sich ein Großteil der Priesterschaft sowie auch der Laien gegen diese kirchliche Lebensvorschrift ausspricht und für eine Abschaffung des Zölibats kämpft. Viele sind der Anschauung, dass ein Aufrechterhalten dieser überholten Regel der katholischen Kirche nicht mehr in das Bild unserer heutigen Zeit hineinpasst. Vielleicht mag das ja auch tatsächlich stimmen, womöglich, weil der Wunsch, Priester zu sein, von Menschen gehegt wird, die sich der wahren Tragweite dieses geistigen Berufsstandes gar nicht mehr bewusst sind. Der Priester als Mensch und Mann unterscheidet sich in keiner Weise von anderen Menschen und Männern. Dieselben Bedürfnisse, Sehnsüchte und Wünsche, die so genannte weltliche Männer verspüren, sind auch in ihm lebendig. Das einzige Merkmal, das ihn von der Masse unterscheidet oder irgendwie abhebt, ist, dass er einer inneren Berufung folgt. Er gehorcht einem Drang, dem er sich nicht entziehen kann. Er weiß, er wurde geboren, um in der Welt eine bestimmte Aufgabe zu leisten. Dieser Sachverhalt würde ebenso gut auf jeden anderen Menschen zutreffen, deshalb gilt es hier genauer zu differenzieren. Was die wenigsten vermuten oder ahnen, ist, dass jeder von ihnen, selbst wenn er auf Erden anscheinend ohne eine Frau, Partnerin oder Lebensgefährtin lebt, dennoch ein weibliches Wesen an seiner Seite hat. Dieses weibliche Wesen ist seine zweite Seelenhälfte, seine Dualseele, die möglicherweise in einem nicht verkörperten Zustand, geistig oder feinstofflich, stets in Verbindung mit ihm steht und in seiner Nähe weilt. Von ihr und durch sie erfährt er himmlische Inspirationen und Eingebungen, die ihm seine Aufgabenstellungen in der Welt zu lösen und zu verwirklichen hilft. Im Geiste bildet er eine Einheit mit ihr. Geistig oder spirituell gesehen, ist er der ganze, der vollkommene Mensch. Diese Geisteseinheit mit seiner himmlischen Ehefrau macht es ihm möglich, göttliche Vollkommenheit auf die irdische Ebene zu spiegeln. Es ist allein diesem Zustand zuzuschreiben, der ihm die Fähigkeit verleiht, überirdische Arbeit zu leisten. Es liegt innerhalb seiner Bestimmung, wenn dereinst seine Mission auf Erden zur Gänze erfüllt ist, sich mit seinem Zwillingsstrahl für immer zu vermählen. Dies ist die einzige Prädestination, die zeitlebens auf ihn wartet. Würde der Priester eine äußere Ehe mit einer anderen auf Erden verkörperten Frau eingehen, die unmöglich die wahre Ergänzung seiner Seele sein kann, würde ihn diese Handlung nicht nur von seinen hohen Zielen ablenken, sondern könnte bewirken, dass seine wahre, für ihn bestimmte Frau sich weiter von ihm entfernt. Er könnte seine Mission nicht mehr in der ihr zugedachten Weise zur Ausführung bringen und würde seine Dualseele möglicherweise für viele Inkarnationen aus den Augen verlieren. Die geistigen Impulse könnten nicht mehr in gleicher Weise zu ihm durchdringen, da er durch das Bündnis mit einer anderen Frau eine Wand errichtet hat, die ein gröberes Element darstellt, welche die von seiner wahren Frau gesandten Seeleninspirationen nicht mehr durchlässt. Es wäre eine neue Schranke, die ihn von seiner ewigen Gemahlin entzweit. Es mag mitunter vieler Inkarnationen bedürfen, bis er wieder jene spirituelle Klarheit erlangt hat, um diejenige zu erkennen, die ihm von Ewigkeit her bestimmt ist.

Bewusst habe ich für diese Erklärung den Berufsstand eines katholischen Priesters ausgesucht, weil wahrscheinlich in ferner Vergangenheit, als das Mysterium der Dualseelen entdeckt wurde, die Einführung des Urzölibats angeregt worden ist.

Doch haben sich heute die gesellschaftlichen Werte stark verschoben. Trotzdem sollte sich jeder, der zu der Menschengruppe gehört, deren ergänzende Seelenhälfte im Unsichtbaren weilt, also in dieser Existenz nicht in einem physischen Körper inkarniert ist, fragen, ob er möglicherweise seinen inneren Lebensauftrag versäumt sowie sein Seelenwachstum hemmt, wenn er eine nicht adäquate Zweierbeziehung eingeht. Da wir Menschen jedoch über Willens- oder Wahlfreiheit verfügen, liegt es ganz allein bei uns, wofür wir uns entscheiden. Auch wenn unsere Entscheidung nicht im Einklang mit unserem göttlichen Vorsehungsweg steht, wird das Leben weitergehen; auch wenn wir es dadurch in eine andere Richtung dirigieren. Das Schlimmste, das uns geschehen kann, ist, dass wir in unserer Entwicklung einen Stillstand herbeiführen. In keiner Weise müssen wir mit einem Rückschlag rechnen. Wir nehmen uns mit einer Fehlentscheidung lediglich die Chance, rascher ans Ziel zu gelangen.

Unsere mitgebrachten Gaben und Veranlagungen würden möglicherweise in dieser Existenz versanden und von Belangen, die eigentlich nicht unserer Natur entsprechen, überschattet werden.

Manche Partner, die uns der Strom des Lebens zuführt, sind nicht immer dazu bestimmt, den Rest unseres Erdenlebens mit uns zu teilen. Oftmals benötigen wir vorübergehende Beziehungen zum anderen Geschlecht, zu Männern und Frauen, von denen wir gewisse Lektionen zu lernen haben. Sobald jedoch das Ziel, welches Inhalt des beiderseitigen Zusammenkommens war, erfüllt beziehungsweise erreicht wurde, verliert eine solche Verbindung ihre Bedeutung – und löst sich wieder auf. Unterliegen wir nun dem Irrtum und halten an einer Beziehung, die ihre Aufgabe bereits eingelöst hat, fest, etwa weil wir nicht erkennen, dass sie uns lediglich als Lernanstoß geschickt wurde, bringen wir uns in eine missliche Lage.

Die Ursachen, welche Menschen beiderlei Geschlechts auf Erden zusammentreffen lässt, sind dermaßen vielschichtig, dass sie nicht genau erörtert werden können. Eine Einteilung lässt sich nur in äußerst groben Zügen anstellen, was im nächsten Kapitel versucht werden soll.

6.

Die vier geistigen Gesetzmäßigkeiten in Beziehungen

GESETZ I:
KARMISCHE VERSTRICKUNGEN

Die wohl am häufigsten vorkommende Ursache, welche Männer und Frauen in Verbindung bringt, beruht auf karmischen Rückwirkungen, deren Samen in vergangenen Lebenszeiten gelegt wurde. Immer können wir davon ausgehen, dass in karmisch begründeten Mann-Frau-Beziehungen sich das Gesetz des Ausgleichs auswirken möchte. Die Sinnhaftigkeit derartiger Bündnisse ist nur darin zu suchen, dass ein Gleichgewicht wiederhergestellt werden will – eine Möglichkeit, die Balance wieder zu finden. Was immer sich hinter der Kraft verbirgt, die zwei Menschen unwiderstehlich anzieht, eines ist auf jeden Fall sicher: Einer von beiden hat am anderen etwas wieder gutzumachen. Oft werden die Geschlechter gewechselt, sozusagen die Rollen vertauscht. Dies wird notwendig, wenn ein Mann zum Beispiel eine Frau mittels seiner körperlichen Überlegenheit hilflos in die Ecke drängte. Nun wird er dieselben Erfahrungen, diesmal in einem weiblichen Körper, erleiden, welche er der Frau angetan hat, um am eigenen, nun jedoch schwächeren Frauenleib zu verspüren, wie es sich anfühlt, was er in einer vergangenen Existenz seiner Partnerin zugemutet hat. Dies stellt natürlich nur die einfachste Form des Karma-Gesetzes dar. Die unterschiedlichsten Variationen mit anders gearteten Schwerpunktverschiebungen sind im Bereich von Gesetz 1 möglich. Eines jedoch haben alle zwischenmenschlichen Vereinigungen, die auf karmischen Bedingungen basieren, gemeinsam, nämlich den Tatbestand, dass sie nicht ohne weiteres glatt und harmonisch verlaufen. Dennoch können sie sich unter Umständen auch glücklich und gewinnbringend gestalten. Meistens aber ist harte Arbeit damit verbunden. Vereint uns das Schicksal mit Partnern, die einst durch unser Verhalten leiden mussten, müsste uns das eigentlich immer Anlass geben, dankbar zu sein. Es bietet uns in einmaliger Weise die Gelegenheit, das Ungleichgewicht aufzuheben und uns Schritt für Schritt karmischer Belastungen zu entledigen. Dies macht uns früher oder später, je nach unserem Erkennen, zu einem freien Menschen; und nur ein freier oder frei gewordener Mensch ist in der Lage, höhere geistige Aufgaben zu begreifen und wahrzunehmen. Weil aber die Erinnerung an eigene Verschuldungen vergangener Existenzen wohlweislich aus unserem Bewusstsein gelöscht wurde, macht dies unsere Lektionen zumeist zu einem schweren Unterfangen. Befragen wir unser Herz in Situationen des Zweifels, hören wir auf die Stimme unseres Gewissens – sie wird uns stets die rechte Antwort zuteil werden lassen. Zumeist geschieht dies in Form von Eingebungen und Intuitionen, oder andere Menschen wirken unwissentlich als Botschafter, welche die Wahrheit an uns herantragen. Kein Ruf des Herzens, der aus reinen Motivationen ausgeschickt wird, bleibt je unerwidert. Dies sollte uns tröstlich stimmen und beruhigen, wenn wir uns in einer verfangenen zwischenmenschlichen Beziehung befinden. Wenn wir es aufrichtig wünschen, werden wir in der Lage sein, die Hintergründe, die uns in eine solche Lebensbedingung hineinmanövriert haben, in Erfahrung zu bringen. Haben wir erst einmal die Kenntnis des »Weshalb« und »Warum« erlangt, wird es uns mit Sicherheit leichter fallen, die befreiende Lösung zu entdecken.

Natürlich gibt es aber auch eine positive Seite karmischer Verbindungen. Hat sich ein Mensch in einem Vorleben durch besondere Leistungen und Aufopferung an einem Mitmenschen oder Partner verdient gemacht, kann eine innige Verbindung, die von Liebe und Dankbarkeit getragen wird, geschaffen worden sein. Das drängende Bedürfnis, jenen damals Hilfe bringenden, edlen Menschen auch Gutes tun zu wollen, sucht dann nach Möglichkeiten und Wegen, besagten Wesen auf Erden wieder näher zu kommen, um die Gelegenheit zu erhalten, einen selbstlos erbrachten Liebesdienst zu vergelten. Derart hergestellte Wiederbegegnungen tragen ebenfalls eine Ausgleichstendenz in sich, jedoch in einem rein positiven Aspekt. Lernen durch Spiegelung eigenen Fehlverhaltens ist hier ausgeschaltet. Allein aus einer innigen Herzensberührtheit heraus wünscht und verlangt der Beschenkte einen Ausgleich.

GESETZ II:
SEELISCHE ÄHNLICHKEITEN
UND WAHRE SEELENVERWANDTSCHAFT

Ein glücklicher Umstand, der uns mit Menschen des anderen Geschlechts in Verbindung bringt, ist ein Gleichklang der Seelen. Gröbere Dissonanzen und wesensfremde Schwingungen derart verbundener Menschen sind hier vorwiegend ausgeklammert. Die Ausstrahlung des anderen verursacht keine Abstoßung, wie sie etwa bei karmisch bedingten Beziehungen vorkommen kann, sondern fließt widerstandslos von einem in den anderen über. Harmonie und willkommene Ergänzung überstrahlt den beiderseitigen Umgang miteinander. Sinn und Zweck der Verbindung seelenverwandter Menschen ist nicht durch schmerzvolles Erfahren, das Anstoß zur Weiterentwicklung geben sollte, gekennzeichnet. Seelenverwandte haben die Gnade, ein anders geartetes Lernprogramm absolvieren zu dürfen. Frei von Spannung, Druck und Kampf legen sie ihre Energien zusammen und verdoppeln dadurch ihr Potenzial, um ihren Dienst an eine gute Sache kraftvoller durchzusetzen. Es liegt nicht mehr innerhalb ihres Aufgabenbereichs, voneinander durch Reibung und Widerstand zu lernen, ihre Aufgabenstellung beruht auf vereintem Wirken, ist sozusagen begründet im gleich gerichteten Schaffen. Eine fried- und liebevolle Atmosphäre, die zwischen ihnen vorherrscht, erlaubt eine mächtigere Konzentration ihrer einander ergänzenden Energien. Während Menschen, deren Seelenschwingungen von unterschiedlicher Frequenz gekennzeichnet sind, einen Großteil ihrer Energien damit vergeuden und verpuffen, willensbedingt ein Gleichgewicht herzustellen, verlieren Seelenverwandte diese Energien nicht und können sie deshalb anderweitig sinnvoller zum Einsatz bringen. Ich meine auch, dass bei seelenverwandten Menschen die körperlichen Triebe nicht ausschließlich im Vordergrund stehen. Ihnen bereitet der Gleichklang ihrer sich berührenden Seelen größere Freuden, als es ein sexuelles Ausleben der Triebe mit sich bringt.

Kommt es unter solchen Umständen dennoch zu körperlichen Vereinigungen, wird auch die Qualität dieses Austauschs zweifellos eine andere, spirituellere sein. Der Körper wird zu einem Instrument, der den erhebenden Regungen der Seele Ausdruck verleiht. Die Sinnlichkeit wird zu einem Medium, das nicht länger selbstsüchtige Begierden transportiert, sondern lautere, ungetrübte, reine Gefühle der Liebe. Doch sei erwähnt, dass ein reiner Ausdruck der Liebe, auch ohne körperliche Berührung, möglich ist. Liebe ist eine Macht, die sich aus dem Herzen ergießt und augenblicklich die Materie durchdringt. Körperliche Nähe und Umarmungen sind daher nicht nötig, um Liebe auszusenden. Doch Menschen, die einen Körper bewohnen, sollten ihre natürlichen Bedürfnisse nicht außer Acht lassen. Denn was den Körper erfreut, erfreut fast automatisch auch die Seele.

Beziehungen zwischen Menschen, die seelisch ähnlich veranlagt sind, bieten die besten Voraussetzungen für eine glücklich verlaufende Ehe. Ein weit verbreiteter Irrtum eines Großteils der Menschen besteht darin, dass sie glauben, eine körperliche Übereinstimmung reiche schon aus, um einer Partnerschaft Dauer zu verleihen. Einer Ehe, die ausschließlich auf physischer Anziehungskraft gegründet ist, fehlt die tragfähige Basis. Eine Ehe verfolgt andere Ziele, als allein körperliche Bedürfnisse zu stillen und das triebhafte Verlangen zu befriedigen. Der Kernpunkt oder das Herzstück einer jeden Partnerschaft ist die Vereinigungssehnsucht der Seelen. Sinnliche Genüsse und Freuden sind zwar ein schönes Beiwerk, jedoch sollte ihnen keine größere Bedeutung zugeschrieben werden, als sie verdienen. Vielmehr sollten sie als ergänzender Aspekt betrachtet werden, als ein Ausdrucksmittel, um intimste Gefühlsregungen irdisch erfahrbar zu machen. Seelen, die enge Bande miteinander verknüpfen, sind eher in der Lage, diese Wahrheit zu erfassen und nach ihr zu leben.

GESETZ III:
NEUE VERBINDUNGEN UND ZUKÜNFTIGES KARMA

Wir können im Leben auf Menschen treffen und mit ihnen in Verbindung treten, die mit unserer Seele nicht verwandt sind und mit denen auch keine karmischen Schulden abzutragen sind. Sie können uns zum ersten Mal im Zyklus unserer unzähligen Verkörperungen begegnen. Irgendetwas bringen sie mit, das uns in Resonanz mit ihnen setzt. Möglicherweise erinnern sie uns in ihrer Art, vielleicht rein äußerlich, an ein Wesen, das uns lieb geworden ist, oder sie verkörpern Tugenden und Eigenschaften, die uns bisher fremd waren, die aber Eigentümliches in uns hervorrufen. Gehen wir ein tieferes Verhältnis mit diesen Menschen ein, können wir Gefahr laufen, uns neue karmische Lasten aufzubürden. Solange unsere Persönlichkeit noch nicht ausreichend gefestigt und gereift ist, ist sie vor Verirrungen nicht geschützt. Es kann ihr an dem rechten Wissen mangeln, welchen Weg sie einschlagen sollte, um ohne viel Umschweife ans Ziel zu gelangen. Es kann sein, dass sie den Ruf ihrer Seele noch nicht deutlich zu vernehmen imstande ist und deshalb auf Umwege gerät. Schafft sie neues Karma, indem sie nicht vorgesehene Verbindungen mit anderen Menschen knüpft, kann das eine Verzögerung in ihrer Entwicklung bedeuten, und sie addiert Erfahrungen hinzu, denen sie eigentlich schon entwachsen sein könnte. Erneut stehen wir vor der Gnade oder der Qual der Wahl und der Willensfreiheit eines jeden Menschen.

Nicht immer aber muss eine Vereinigung mit einem »unbekannten Wesen« von vornherein Negatives bedeuten und belastendes Karma nach sich ziehen. Es besteht ebenso gut die Möglichkeit, dass wir die Gelegenheit sinnvoll nutzen und einen treuen Gefährten und Freund gewinnen.

GESETZ IV:
WAHRES ERKENNEN UND WIEDERFINDEN DER ZWEITEN SEELENHÄLFTE

Die wunderbarste Ursache, die uns mit einem Menschen des anderen Geschlechts zusammenführt, ist die seit vielen Lebenszeiten herbeigesehnte Wiederbegegnung mit

unserer zweiten Seelenhälfte, welches die ewige, die unlösbare Vereinigung mit dem einzig wahren Mann oder
der einzig wahren Frau bedeutet – das Erkennen und Wiederfinden unserer Dualseele. Wenn uns derartige Gnade
als ein auf Erden verkörpertes Menschenwesen widerfährt, lösen sich Zweifel und Ungewissheit auf. Diese Art
der Begegnung ist von geistiger Natur, obwohl sie auf
weltlicher Ebene geschieht. Da die Seele durch das Kör-
perkleid strahlt, findet unmittelbar ein inneres Verschmelzen statt, wenn die füreinander Bestimmten sich wieder
treffen und sich im Körper gegenüberstehen. Ein wohl-
vertrautes »Sich-im-anderen-Wiedererkennen« leuchtet
gleichzeitig in beiden Zwillingsstrahlen auf. Ein unnenn-
bares, nicht in Worte zu fassendes Bewegtsein herrscht in
beiden vor, die sich vielleicht seit vielen Inkarnationen
zum ersten Mal wieder sehen.

Der Prozess des Erkennens vollzieht sich in Bruchteilen
einer Sekunde. Jeder entdeckt im anderen ein gewisses
Etwas wieder, das überwältigend auf beide wirkt. Erhalten sie die Möglichkeit, ihr Leben als Paar fortzusetzen,
wird dieses Etwas mit der Zeit weiterhin wachsen.

Auch wenn eine wahrhaft große Liebe beide Menschenseelen untrennbar verbindet, kann es vorkommen, dass
ein Partnerteil die Größe dieser Verbindung noch nicht in
ihrer wahren Bedeutung zu erfassen vermag. Vielleicht
weil er noch nicht ausreichend erwacht ist und seine innere Entwicklung weiter voranzutreiben hat. Entfaltet dieser
Mensch mit der Zeit die volle Kapazität seines Bewusstseins, wird er auch imstande sein, in seinem Gefährten die
für ihn bestimmte Ergänzung seiner Seele untrüglich
wahrzunehmen.

Es ist wohl eines der kostbarsten Geschenke, im irdischen Leben mit der Dualseele wieder vereint zu werden.
Das menschliche Leben erfährt dadurch eine Weitung in

eine andere Dimension. Immer geht mit einer solchen Erfahrung auch ein spirituelles Erwachen einher.

Es gilt jedoch, Vorsicht walten zu lassen und auf der Hut zu sein, um nicht Missverständnissen zum Opfer zu fallen. Allzu schnell können wir dem Trugschluss unterliegen, weil wir in erster Verliebtheit, im Überschwang ungezügelter Gefühle, den neu entdeckten Partner für unsere Dualseele halten. In einer menschlichen Verkörperung seine wahre Seelenergänzung zu treffen ist ein Vorkommnis, das äußerst selten geschieht. Wir können einen Menschen von ganzem Herzen, mit all unserer Seelenkraft, rein und innig lieben – und doch muss dieser nicht unsere Dualseele sein. Andererseits können wir jahrelang unser Leben mit einem Partner teilen, ohne zu ahnen, ohne zu wissen, dass dieser die absolute Seelenergänzung für uns ist. Gottes Wege sind wunderbar und manchmal für Menschenaugen nicht immer gleich durchschaubar. Schenken wir jedoch der göttlichen Weisheit unumschränktes Vertrauen, legen wir unser Leben ganz in ihre Hand, wird mit Sicherheit der Tag kommen, an dem wir begreifen können. Bedingt durch unerlässliches Wünschen, die Wahrheit einmal erkennen zu dürfen, setzen wir Kräfte in Bewegung, die unaufhörlich wirksam sind, um uns, wenn die Zeit reif dafür ist, die mit Schleier verhangenen letzten Lebensgeheimnisse zu lüften. Das Mysterium der Dualseelen, der von Ewigkeit füreinander bestimmten Seelen, wird dann in voller Klarheit in unserem Bewusstsein aufleuchten.

Sollte uns tatsächlich in diesem Leben unsere zweite Seelenhälfte begegnen, werden wir sie schließlich aus der Tiefe unseres Herzens erkennen. Vielleicht strahlt aus ihren Augen ein Licht, das in selbstloser Liebe unser Sein umfängt und uns seit Jahrhunderten wohl vertraut ist. Vielleicht ähnelt ihr derzeitiger Körper dem, den sie in vergangener Zeit einmal bewohnte; oder aber die Herzensfunken springen ineinander über und vermählen sich augenblicklich in der feinstofflichen Welt.

Keiner kann sagen, wann dieses vorherbestimmte Wunder geschieht und wie es sich gestaltet. Obwohl es unumstritten ist, dass es sich im Leben eines jeden Menschen vollzieht.

Lassen wir unseren Mut nicht sinken, wenn es uns noch nicht gelungen ist, unsere Dualseele wieder zu finden. Freuen wir uns vielmehr über das Wissen, dass uns dieses Ereignis niemals vorenthalten werden kann. Wenn wir auch noch so manche Lebenszeit, ohne sie körperlich an unserer Seite zu haben, durchwandern müssen, so gibt es doch Möglichkeiten, mit ihr in Verbindung zu treten und eine Wiedervereinigung zu fördern. Die dazu nötigen Handlungsweisen und Einstellungen werden im dritten Teil dieses Buches ausführlich behandelt.

7.

Der weise Umgang mit der Lebensenergie

Die Lebensenergie ist eng mit der Sexualenergie verknüpft, Energie ist eine wirkende Kraft, die nur dann als solche erkannt werden kann, wenn sie aktiv, also in Bewegung ist. Würde unser Menschenleib nicht ständig von dieser Energie durchflutet und gespeist werden, wäre er wohl kaum lebensfähig. Diese Energie, die ohne Unterlass in uns einströmt, jede Zelle, jede Faser, jedes Atom unseres Körpers durchdringt, ist unser eigentliches, unser wahres Leben. Nur durch ihr Vorhandensein in uns sind wir befähigt, unseren Leib zu bewegen. Diese wunderbare Lebensenergie durchströmt unsere körperliche Gestalt, so wie das Blut durch unsere Adern gepumpt wird. Sie ist der Motor, der das physische Herz zum Schlagen bringt.

Die Lebenskraft tritt in den menschlichen Leib an der höchsten Stelle des Hauptes ein. Während sie unseren Körper durchläuft, prägen wir ihr bestimmte Werte auf. Die Energie, die ursprünglich lauter und rein war, wird, wenn sie sich innerhalb unseres Körpers befindet, entsprechend unserer vorherrschenden Stimmung bewertet und gefärbt. Befinden wir uns in übler Laune oder hängen wir destruktiven Gedanken nach, verschmutzen wir diese kostbare Energie und behaften sie mit Eigenschaften, die unserer inneren Haltung entsprechen. Dadurch büßt sie einiges von ihrer lebensspendenden Qualität ein, wird getrübt und verunreinigt, und diese beeinträchtigte Qualität breitet sich nun in unserem Leib aus und wird hier wirksam. Alle niederziehenden Gefühle, wie Hass, Neid, Zorn, Selbstsüchtigkeit, Gier, Kritiksucht, Ängste jeder Art,

Starrsinn, Gefühlskälte oder ungezügelte Leidenschaften, verwandeln die unbefleckte Lebensenergie in dem Augenblick, da diese in uns aufsteigen. Kaum auszudenken, welchen Schaden derart negative Gefühlszustände in uns anrichten können, wenn sie über einen längeren Zeitraum hindurch aufrechterhalten werden!

Analog dessen bewirken aufbauende Stimmungen in uns das genaue Gegenteil. Geben wir uns liebevollen Gedanken hin, empfinden wir Freude, werden wir von der Schönheit berührt, danken wir dem Leben für all das Gute, das es für uns bereithält, erfüllt es uns mit Glück, wenn wir andere beschenken, fühlen wir Frieden und leben wir in Harmonie, dann erfährt die Lebensenergie in uns keine Belastung oder negative Umwertung, sondern fließt segenspendend durch unseren Körper. In diesem Zustand der Unberührtheit vermag sie die Gesundheit von Körper und Seele zu erhalten, und selbst Zellen, die bereits angegriffen wurden, können wieder regenerieren. Wir bewerten die Lebensenergie nicht nur durch unsere Eigenheiten, es liegt ebenso innerhalb unserer Fähigkeiten, die Lebensenergie bewusst zu lenken. Doch ehe wir dies tun können, müssen wir wissen, dass es in unserer Macht liegt, diese Tätigkeit auch auszuführen. Vorwiegend gebrauchen wir diese Kraft, ohne uns überhaupt bewusst zu sein, dass wir es tun. Durch Stimmungen und uns bewegende Gedanken verleihen wir ihr eine Richtung. Selbsttätig wird sie dahingehend aktiv, wohin unser Denken und Fühlen wandert. Solange wir ihr keine definitive Zielbestimmung auferlegen, sind wir nicht in der Lage, sie bewusst zu beherrschen. Wollen wir jedoch die volle Herrschaft über sie erlangen, genügt das Wissen, dass sie allezeit dorthin eilt und gleichzeitig wirksam wird, worauf wir unsere Aufmerksamkeit richten. Wo wir gerade mit unseren Gedanken sind, was wir gerade anblicken, was immer wir gerade körperlich verrichten oder welche Empfindungen in uns lebendig sind, haargenau dort wirkt und webt unsere Lebensenergie.

Zum besseren Verständnis möchte ich einige Beispiele anführen, wie wir uns diese Energie bildhaft vorstellen können. Sind wir zum Beispiel intensiv mit einer Denkaufgabe beschäftigt, so konzentriert sich unsere Lebensenergie im Kopfbereich, exakt an der Stelle zwischen den Augenbrauen, die uns als das »dritte Auge« oder Stirn-Chakra bekannt ist, und fließt, solange wir in dieser Aktion verweilen, als heller, konzentrierter Lichtstrahl aus diesem Zentrum.

Während wir sprechen, wenn wir etwa einen Vortrag halten, wenn wir mit einem oder mehreren Menschen reden oder wenn wir singen, bündelt sich die Lebensenergie im Bereich der Kehle, dem Hals-Chakra, und tritt hier als heller Lichtstrahl aus.

Empfinden und senden wir reinste Gefühle der Liebe, strömt die Lebensenergie im Zentrum unseres Herzens zusammen und strahlt als machtvolle Lichtsäule aus diesem hervor. Geben wir uns aus tiefster Regung heraus der uns innewohnenden Gottheit hin und verehren wir sie mit aller uns zur Verfügung stehenden Hingabe, konzentriert sich die Lebenskraft an der höchsten Stelle des Scheitels, dem Kronen-Chakra, und umgibt gleich einem Leuchtkranz (Heiligenschein) unser Menschenhaupt.

Regen sich in uns sexuelle Empfindungen oder üben wir Geschlechtsverkehr aus, leiten wir die Lebensenergie abwärts in die Region der Genitalien, auch als Wurzel- oder Basis-Chakra bekannt, und geben sie auch hier als Lichtstrahl ab.

Der magische Schlüssel, der uns entweder die Türe zum Glück oder zum Unglück aufsperrt, liegt in uns selbst. Womit wir uns beschäftigen, was immer unser Interesse erregt, worüber wir nachsinnen und was wir anschauen, holen wir in unsere Welt. Es ist dabei bedeutungslos, ob uns das gefällt, was wir sehen, oder ob uns jene Gedanken beunruhigen, denen wir nachhängen. Wir ziehen sie in unser Leben und befehlen ihnen (meist unbewusst), sich hier zu verwirklichen, zu materialisieren. Es bedarf sicherlich keiner genaueren Erklärung, welchen Nutzen wir aus diesem Wissen gewinnen können. Die Kenntnis über diesen Sachverhalt verleiht uns die Fähigkeit, Herr und Meister unserer Lebensenergie zu werden und sie überall dorthin zu lenken, wohin wir sie haben möchten.

Der Menschheitstraum von ewiger Jugend und unvergänglicher Schönheit würde in der Tat wahr werden, wenn wir lernten, die Lebenskraft in der rechten Art und Weise zu beherrschen und sie nicht durch Ausschweifungen sinnlos zu vergeuden. Ein wahres Verständnis der Sexualität vermag uns dabei zu helfen, mit unserer Lebensenergie so umzugehen, dass sie nicht unbedacht verloren geht. Unser Leib wird so zu einem Ausdruck der Schönheit und Gesundheit, zum Ebenbild Gottes – zum Tempel des lebendigen Gottes.

Wenn Mann und Frau sich aus Liebe körperlich vereinen, erfährt die Lebensenergie keinerlei negative Umwertung. Ganz im Gegenteil, die Berührung und der Austausch von männlicher und weiblicher Kraft wirken befruchtend und bringen beiden, hervorgerufen durch die verschmelzenden Pole, ein Empfinden höchster Beglückung, die in der Ganzheit oder Einheit für Momente erlebt werden kann. Die Körper dienen in solchen Augenblicken als Werkzeuge, die von der göttlichen Schöpferkraft angetrieben und in Bewegung gesetzt werden. Irdische und himmlische Freuden vermählen sich und machen aus diesem Ereignis einen wahrhaft heiligen Akt. Die Tiefe und Innigkeit der Gefühle, die Mann und Frau während ihrer Vereinigung empfinden, ist in der feinstofflichen Ebene in Form von Farbabstrahlungen sichtbar. Je selbstloser, je unbehafteter von Triebkräften ihre Liebesgefühle zueinander sind, desto fortgeschrittener und höher entfaltet ist auch die Seele (das künftige Kind), die sie möglicherweise anziehen und der sie durch diesen Schöpfungsakt einen Körper zur Verfügung stellen.

Sexualität, die allein der Befriedigung der Sinne dient, Geschlechtsverkehr, der aus purer Körperlust vollzogen wird, ohne dass Herzensliebe empfunden wird, ohne dass die Seele beteiligt ist, stellt einen Missbrauch der Lebensenergie dar. Die Lebenskraft erfährt durch solches Handeln eine Schwächung oder Herabminderung ihrer Lichtqualität. Das Zellgefüge und die Atome des physischen Körpers können nicht mehr ausreichend mit Lichtflüssigkeit versorgt werden und erleiden dadurch in der einen oder anderen Art eine Schädigung. Auf körperlicher Ebene macht sich dies in Form von Krankheiten bemerkbar, auf seelischer Ebene in Gefühlsbedrückungen und Depressionen.

Viele Menschen leiden heutzutage an diesen oder ähnlichen Beeinträchtigungen und erkennen nicht den Grund, woher diese rühren. In etlichen Fällen ist ein unrichtiger Umgang mit der Lebensenergie dafür verantwortlich. Jedoch ist die Ursache nicht ausschließlich im triebhaften Ausleben der Sexualität zu suchen, sondern in allen Variationen fehlgeleiteter Lebenskraft.

Solange wir unsere körperlichen Triebe unkontrolliert ausleben, sind wir nicht Herrscher in unserer Welt, sondern Beherrschte. Wir sind Gefangene unserer Leidenschaften, die uns Grenzen auferlegen, innerhalb derer wir Glück und Freiheit niemals erleben können. Begegnen wir nun in einem derart eingeschränkten Zustand unserer zweiten Seelenhälfte, mögen wir sie zwar als solche erkennen, doch ein vereintes höheres Schaffen auf geistiger Ebene, das beseligende Gefühl des Einsseins, der Seelenverschmelzung, kann in solch einer Geistesenge kaum empfunden werden. Allein der Fortschritt der eigenen Persönlichkeit erzeugt die Voraussetzung, uns als Einheit mit unserer Dualseele zu spüren.

Ausschweifungen im Sexualleben oder triebhaft gesteuertes Verlangen hemmt die seelische Entwicklung und fesselt uns auf einer Ebene, in welcher nur Verzerrungen der wahren Liebe erblickt werden können.

Keinesfalls will ich die körperliche Vereinigung von Mann und Frau entwerten oder sie gar als Sünde und einen Verstoß gegen die göttlichen Lebensregeln verteufeln. Dies liegt mir völlig fern! Ich möchte lediglich klar und deutlich herausstellen, dass die Reinheit unserer Gefühle während sexueller Handlungen darüber entscheidet, ob wir Lebensenergie missbrauchen oder sie aufbauend verwenden. Ein gutes Hilfsmittel, mit dem wir ermessen können, dass wir die Lebensenergie nicht in die falsche Richtung lenken, stellt ein einfaches Hinterfragen der inneren Motivation dar. Ist es allein körperliche Anziehungskraft und Lust, die uns zu sexueller Handlung antreibt? Oder ist das Herz daran mitbeteiligt? Bewegt uns die Sehnsucht der Seele dazu, uns einem geliebten Menschen so nahe wie möglich zu fühlen? Können wir die beiden zuletzt genannten Fragen mit einem »Ja« beantworten, wird der Akt einer körperlichen Vereinigung uns einen Zuwachs von Lebensenergie bescheren und uns eine göttliche Erfahrung schenken.

Der körperliche Ausdruck von Liebe stellt einen schöpferischen Umgang mit der Lebensenergie dar. Diese gewaltige Sexualenergie setzen wir in Tätigkeit und bewegen sie mittels Gedanken- und Empfindungsfähigkeit durch den Körper. Sie kann, wenn sie nicht bewusst missbraucht wird, auch Schaden in der feinstofflichen Beschaffenheit unseres Körpers anrichten. Wann immer wir uns sexuell betätigen, sollten wir uns bewusst sein, dass wir mit einer unpersönlichen, hochkonzentrierten Energieform umgehen, die wir segensreich oder zerstörerisch nutzen können. Eine gesteigerte Qualität des Erlebens, das Erfahren wahrer Beglückung, wird nur dann verspürt, wenn die Seele an einer körperlichen Vereinigung mitwirkt. Nur unter diesen Voraussetzungen wird der Ausdruck von körperlicher Liebe zu einem heiligen Akt, einem göttlichen Geschehen.

Praktizierte Enthaltsamkeit kann allerdings nur jenen Menschen zum Segen gereichen und für sie gesund und vernünftig sein, welche bereits frei von Begierden sind. Das heißt, dass sexuelle Triebhaftigkeit in ihnen nicht mehr vorhanden ist und körperliche Sinnenlust nicht länger Bestandteil eines erfüllten Lebens für sie ist. Doch diese Entscheidung muss von innen kommen, einem Seelenbedürfnis entwachsen sein, um dem Betreffenden Gewinn und daraus resultierende geistige Kraft bringen zu können.

Für Menschen, die geistiges Wachstum anstreben, ist der ethische Umgang mit ihrer Sexualität von ungeahnter Wichtigkeit, denn nur er kann Bedingungen erzeugen, die uns eine gewisse Grenzschranke zu überwinden erlaubt. Hat das äußere Ego diese Energie in der Vergangenheit unrichtig benutzt und hört es immer noch nicht auf, dieser Kraftverschleuderung Einhalt zu gebieten, wird das menschliche Bewusstsein vergröbert. Dies bewirkt, dass die feineren Sinnesorgane abstumpfen und höhere geistige Impulse nicht mehr wahrgenommen werden können.

Dies bezieht sich wohlgemerkt nicht auf jene Sexualität, die dem Bedürfnis des Herzens entspringt und selbstlosen Liebesgefühlen für ein anderes Menschenwesen entwächst.

Die Mahnung gilt allein den unkontrollierten Triebkräften. Das Wort »Trieb« verrät uns schon, dass wir zu etwas getrieben werden, von etwas angetrieben, das sich unserer bewussten Steuerung entzieht. Triebe sind nichts anderes als angesammelte Energien, die in einem gewissen Zeitraum aufgestaut wurden, ohne dass wir gelernt hätten, diese umzuwandeln, zu neutralisieren und aufbauend einzusetzen. In der Zukunft muss es darum gehen, Spiritualität und Sexualität zu integrieren.

8

Wahre Einheit wird nur im Geist erlebt

Körper, Seele und Geist des Menschen bilden stets eine Einheit. Daher kann die Vereinigung zweier Menschen im Geist nicht wirklich von den beiden erstgenannten Aspekten getrennt betrachtet und angesehen werden. Meist spielen zwei oder alle drei Komponenten zusammen und finden ihre Entsprechung in der einen oder anderen Ebene.

Körperliche Vereinigung kann zum Erleben einer Seeleneinheit führen. Das Empfinden von Einheit auf seelischer Ebene vermag wiederum ein Empfinden von Einheit im Geist auszulösen. Wir können durch leibliche und seelische Gefühle einen Zustand herbeiführen, der uns Einheit im Geist erleben lassen kann. Wollen wir uns eins mit einem anderen Menschen fühlen, kann uns unsere Körperlichkeit, gepaart mit seelischem Empfinden, dabei helfen, uns mit dem anderen im Geist zu verschmelzen. Jedoch durch den Körper allein kann wahre Einheit zweier Seelen niemals erreicht werden. Im Gegensatz dazu jedoch kann Geisteseinheit erlebt werden, ohne dass die Körperlichkeit daran beteiligt sein muss. Der Körper und Seelenempfindungen sind somit nichts anderes als nützliche Werkzeuge, um die Einheit im Geist herbeizuführen, derer wir aber nicht unbedingt bedürfen, wenn unsere spirituelle Entfaltung weiter fortgeschritten ist. Da wir aber in der Regel noch allzu menschlich oder nach außen orientiert sind, denke ich, dass es fast unerlässlich ist, unsere Leiblichkeit in das Verwirklichen von Geisteseinheit mit einzubeziehen; denn körperliche Gefühle stellen nicht unwesentliche Wegweiser dar, die uns in Richtung Vollkommenheit führen und anleiten können. Alle sinnlichen Gefühle und körperlichen Empfindungen sollen voll ausgekostet werden, in jedem möglichen Stärkegrad zumindest einmal erfahren werden, da dies in uns die Fähigkeit zu differenzieren heranbildet und fördert. Alle Höhen und Tiefen in der körperlichen Welt der Erscheinungen zu durchlaufen, bietet den Menschen die Chance, zu reifen und über diese hinauszuwachsen. Alle Wesen, die heute über dem Durchschnitt menschlicher Entwicklung stehen, haben diesen Kreislauf von »hoch und nieder« mehr oder weniger durchgemacht.

Dass der Mensch in eine körperliche Form hineingeboren wurde, unterliegt nicht der Willkür, sondern beruht auf der Tatsache, dass eine höhere Intelligenz zweifellos etwas Sinnvolles damit bezwecken will. Somit ist uns auch die Aufgabe übertragen, Nutzen aus unserer Körperlichkeit zu ziehen beziehungsweise zu lernen, unseren Körper richtig zu benutzen. Das größte Missverständnis, dem wir Menschen zum Opfer fallen können, ist die Haltung, uns mit unserem Körper zu identifizieren. Wir sind nicht der Körper! Wir besitzen ihn zwar für die uns zugewiesene Lebensspanne und können unseren Leib auch bewegen – doch der Körper sind wir nicht. Wir sind Seele, eine Seelenwesenheit, die einen Körper bewohnt. Nichts anderes ist der Körper als eine Art Hülle, eine Verpackung oder ein Kleid. Zugegeben, ein sehr lebendiges Kleid, das uns hilft, durch Sinneswahrnehmungen Eindrücke von unserem äußeren Umfeld zu gewinnen. Dies sagt uns zugleich aber auch, dass der Körper ein Verbindungsglied repräsentiert, das Innenwelt und Außenwelt vereint. Er stellt Kommunikationsmittel dar, durch welche Inneres nach außen transportiert wird, wie auch Äußeres nach innen genommen wird. Im eigentlichen Sinn erfüllt der

Körper die Aufgabe eines Botschafters, aber die Botschaft, der Inhalt selbst, ist er nicht.

Stellen wir uns vor, ein Mann erlebt immer besonders ergreifende Momente, wenn er den nächtlichen Sternenhimmel betrachtet. Dieser Anblick löst in ihm beglückende Gefühle und Empfindungen der Unbegrenztheit aus. Gleichzeitig erfüllen ihn Gedanken, die ihn erheben und ihm tiefer liegende Zusammenhänge offen legen. Der Anblick des Sternenhimmels also schenkt ihm einen Quell von Inspirationen und fördert Gedankengänge, die geistige Erkenntnisprozesse in Bewegung setzen. All dies erlebt er kraft seiner Seele und seines Geistes. Der Körper, den wir zuvor mit einer Verhüllung, einem Kleid, verglichen haben, ist in sein persönliches Erleben nicht nur mittelbar eingeschlossen. Diese Art von Gefühlen und Gedanken ereignen sich oberhalb seiner stofflichen Leibesform. Jedoch sind sie deswegen nicht weniger wirklich oder real. Der Körper, den wir als Kleid bezeichnen, beeinträchtigt in keiner Weise diese Art von Erleben.

Eine körperliche Vereinigung mit einem andersgeschlechtlichen Partner kann uns im besten Fall Einheit im seelischen Bereich bescheren, nicht aber die im Geiste. Da der Geist über allem steht, wäre es unsinnig, ihn in einer winzigen Absplitterung suchen zu wollen.

Mit dieser Aussage möchte ich keinesfalls das wunderbare Empfinden, das eine körperliche Vereinigung mit sich bringen kann, schmälern, ich bin lediglich darum bemüht, die Grenzen aufzuzeigen, die wir durchbrechen können, um eine umfassendere Einheit zu erreichen. Diese Höhe der geistigen Einheit können wir alle erklettern, wenn wir unsere Körperlichkeit nicht überbewerten, sondern unseren Leib als das betrachten, was er ist, nämlich ein williger Diener, der uns in Gehorsam ergeben ist und der jeden unserer Befehle bereitwillig ausführt.

Vielleicht sollte ich noch weiter ausholen, um dem zu übermittelnden Inhalt eine anschauliche Gestalt zu geben.

Lieben wir einen Menschen von ganzem Herzen, herrscht in uns zumeist ein Drang vor, dieser Liebe, die wir empfinden, auch einen körperlichen Ausdruck zu verleihen. Wir haben das Bedürfnis, die Impulse, die wir aus Seele und Geist erhalten, irgendwie sichtbar zu machen, sie in eine stoffliche Form oder Sprache zu übersetzen, damit sie der andere begreifen kann. Das Wort »begreifen« sagt es uns schon deutlich, wir möchten etwas, das nichtstofflichen Regionen entspringt, in einer materiell fassbaren Form widerspiegeln und erfassen. Wir müssten dies nicht tun, weil der Seelenfunken ohnedies ohne Umschweife von unserem Gegenüber angenommen wird. Weil wir Seele *sind,* aber auch einen Körper *haben,* verspüren wir das Verlangen, inwendiges Empfinden nach außen zu tragen.

Zärtlichkeiten und Liebkosungen sind zwar körperliche Handlungen, berühren aber in Wahrheit unsere Seele. Wie es auch unsere Seele ist, die solches Tun anregt. Durch jede körperliche Berührung wird eine Energie übertragen, die unseren Händen entströmt, und diese wird von dem Menschen, den wir berühren, aufgenommen. Unser Seelenempfinden, unsere Gedanken, die vorherrschen, während wir den anderen berühren, prägt der Energie entsprechende Werte auf und versieht sie mit Eigenschaften, die unserem Denken und Fühlen gerecht werden.

Streicheln wir liebevoll und zärtlich ein anderes Menschenwesen, bringen wir dem anderen eine Woge wohltuender und Heil bringender Energien, die von ihm dankbar aufgesogen werden. Körperliche wie seelische Heilung mittels Handauflegen basiert auf ebendieser Gesetzmäßigkeit. Die reinste Form solcher Berührungsmagie finden wir in der Mutterliebe.

Der Materie sind Grenzen gesetzt, während die Welt des Geistes sich grenzenlos in die Unendlichkeit ausdehnt. Versuchen wir deshalb aus Unkenntnis, die Verschmelzung mit unserer zweiten Seelenhälfte nur von der körperlichen Seite aus zu erreichen, mögen wir unter Umständen der Einheit zwar recht nahe kommen, jedoch die absolute Erfüllung, die vollkommene Vereinigung, das gänzliche »Einswerden« mit dem geliebten Wesen kann in diesem Zustand noch nicht verwirklicht werden.

Der liebende Mensch verspürt den Drang in sich, mit dem anderen eins zu werden, mit ihm ein einziges Wesen zu bilden. Dieses Bedürfnis drücken Liebende aus, indem sie sich fest aneinander pressen, sich fast verzweifelt aneinander klammern. Sie versuchen in gewissem Sinne, körperlich eine Einheit herzustellen. Sie umarmen sich und umschlingen den anderen. Schaut man genauer hin, was bei einer innigen Umarmung geschieht, kann beobachtet werden, dass die Körper sich in der Herzgegend berühren. Die Sprache des Körpers drückt aus, die Menschen wollen in ihren Herzen vereint sein! Aber der Körper selbst verhindert die vollkommene Vereinigung – er steht dazwischen. Die körperliche Nähe zum anderen kann empfunden werden, aber eine untrennbare Einheit, eine Verbindung, die bleibt, kann unmöglich rein körperlich herbeigeführt werden.

Wenn aber im Menschen der tiefe Wunsch nach der absoluten Vereinigung lebt, dieser jedoch körperlich nicht erfüllt werden kann, wo und wie sonst kann er ihn dann verwirklichen? Nur jenseits der Körperlichkeit – in der Welt des Geistes! Selbst wenn wir die höchste Erfüllung irdischer Liebe und Einheit mit einem Partner erfahren, sie in der Sexualität erleben, bleibt in irgendeiner Form ein Gefühl des Unerfülltseins zurück. Vielleicht fühlen wir uns betrogen; die Natur verspricht uns etwas Wunderbares, die Vollendung selbst, das größte Glück; doch in dem Augenblick, da wir meinen, die Grenze der Zweiheit zu überwinden, passiert das Unabwendbare – wir werden jäh von dem geliebten Menschen getrennt, und jeder bleibt wieder für sich alleine zurück.

Dies sollte nicht zu dem Schluss führen, die Sexualität sei ein Betrug an den Menschen. Zweifellos erfüllt sie in unserem Leben eine ebenso wichtige wie sinnvolle Aufgabe. Nur das fortdauernde Glück, die bleibende, unlösbare Einheit kann uns die Sexualität allein nicht bringen. Die Seele des Menschen oder das wahre ICH ist körperlos, somit kann eine absolute Vereinigung auch nur in einem körperlosen Zustand vollzogen werden.

Menschen, welche es noch nicht vermochten, ihre Liebe zu transformieren, leben in einem Zustand der Spaltung und suchen stets eine zweite körperliche Ergänzungshälfte, um Befriedigung zu finden. Diese Form der Liebe hat den ständigen Drang, immer zu nehmen und zu besitzen. Sie will etwas haben und sie entspringt der Quelle des Arterhaltungstriebes. In dieser niederfrequenten Liebesschwingung offenbart sich der animalische Trieb, den Mensch wie Tier gemeinsam haben.

Die rein geistige Liebe darf nicht mit jener, die dem animalischen Trieb entspringt, verwechselt werden. Ein Mensch, der zur universellen Liebe vorgedrungen ist, hat das Empfinden von Spaltung in die Zweiheit bereits überwunden. Er fühlt sich als Teil der göttlichen Einheit. Die Liebe, die er offenbart, benötigt keine Ergänzungshälfte in der Außenwelt mehr. Seine universelle Liebe ist immer gebend, sie verschenkt sich selbst, sie will niemanden besitzen, weil sich der Mensch, der sich ihrer bewusst geworden ist, mit allem eins fühlt, sich in der »All-Einheit« erlebt.

Wir Menschen sind und bleiben deswegen alle Abhängige, Bedürftige, die eine äußere Ergänzung suchen, so-lange wir diese hohe Offenbarungsebene der Liebe noch nicht erreicht haben beziehungsweise unser Liebesempfinden noch nicht transformieren konnten. Um aber dem wahren Glück der Wiedereinswerdung mit unserer zweiten Seelenhälfte teilhaftig zu werden, bedarf es ebendieses erhöhten Bewusstseinsgrades.

Unsere Dualseele, das Wort »Dualseele« bringt es schon auf den Punkt, ist die vollkommene Ergänzung unserer *Seele*! Würde sie uns lediglich körperlich ergänzen, könnte sie trefflicher als unser »Dualmensch« bezeichnet werden. Deswegen können wir die Tatsache nicht verleugnen, dass eine Wesensverschmelzung allein auf einer seelisch-geistigen Ebene möglich ist und nur hier stattfinden kann.

Solange ein Lebewesen seine andere Hälfte außerhalb von sich sucht, in der stofflichen, sichtbaren und greifbaren Welt, wird es die Einheit nie finden, weil seine es ergänzende Hälfte eben nicht außerhalb, also von ihm getrennt lebt. Immer ist sein Dual untrennbar mit ihm verbunden, ist der Teil seines Wesens, der im Unbewussten, im Nichtgestalteten, in ihm lebt. Kein Mensch oder kein anderes Lebewesen könnte existieren, wenn es nicht seine zweite Hälfte, seine Ergänzung im Ungeoffenbarten hätte. Und dennoch ist es möglich, die göttliche Einheit mit unserer Ergänzungshälfte im Körper wahrzunehmen – in einem erhöhten Bewusstseinszustand! Im Geist gibt es keine Trennung – im Geiste sind wir immer vereint!

TEIL II

DAS
MYSTERIUM DER
DUALSEELEN

9.

Was genau sind Dualseelen?

Die ewige Wahrheit der Dualseelen oder Zwillingsstrahlen zählt zu den höchsten Schöpfungsgeheimnissen Gottes. Das umfassende Verständnis dieses göttlichen Mysteriums würde den Menschen mehr als alles andere helfen, das Chaos der äußeren Welt zu überwinden. Die Zeit ist gekommen, in der die Wahrheit über die Zwillingsstrahlen von Grund auf verstanden und ihre mächtige Weisheit und Kraft genutzt werden wird. Keine Einzelperson, in der Gott individualisiert ist, kann sich emporschwingen zu kosmischen Ebenen, sich ihrer mächtigen »ICH BIN«-Gegenwart bewusst werden und schöpferisch wirken, ehe ihr Zwillingsstrahl nicht auch auf dieser Höhe entwickelt ist. Irdisch-menschliche Wahl hat damit nicht das Geringste zu tun. Jeder Strahl oder jede Seelenhälfte muss durch gesteigertes Verstehen, durch bewusstes Durchdringen und Erfassen der Wahrheit sowie durch Anwendung der göttlichen Gebote alle menschliche (Fehl-)Schöpfung, mit der er sich selber umgeben hat, läutern. Dadurch erleuchtet und vollendet er sich selbst. Dann wird er Meister, nicht nur über seine Welt und sein Leben, sondern er gewinnt und besitzt auf ewig die bewusste Herrschaft über die Erde und über alles, was auf ihr lebt.

Kein anderer als Jesus der Christus hat uns diesen Weg in vorbildlicher Weise vorgelebt. Viele sind ihm gefolgt, und viele von uns werden ihm noch folgen. Alte werden und müssen diesen Weg einmal beschreiten.

Erst wenn beide Seelen oder Strahlen ein und derselben Gottflamme ihre Einweihung vollzogen haben, sind sie von gleicher Reinheit, Freiheit und vollendeter Meisterschaft. Nun sind sie reif für die Arbeit auf kosmischen Ebenen. Was sie dort leisten, ist für uns, den unerwachten Menschen, beinahe unvorstellbar. Ihr vereintes Wirken bezieht sich auf die Planung, Sammlung und Lenkung großer kosmischer Strahlen von Liebe, Licht und Weisheit. Sie offenbaren die Herrlichkeit Gottes und wirken in himmlischen Welten. Doch erreicht ihr gemeinsames Wirken erst dann jene großen Höhen, wenn beide Wesen eingeweiht sind. Solange eine der Dualseelen noch nicht zu ihrer wahren Größe erwacht ist, muss die andere, die bereits in diesen Ebenen entwickelt ist, geduldig auf diesen göttlichen Augenblick warten, bevor ihr vereintes Schaffen, ihr unbeschränktes kosmisches Dienen beginnen kann.

Dualseelen sind ein Strahlenpaar, das der gleichen »göttlichen Flamme« entstammt. Die Flamme selbst kommt aus dem Herzen Gottes, der großen Zentralsonne, aus dem Lebensbewusstsein des Weltalls. Will die mächtige göttliche Gegenwart zu einem einzelnen individualisierten Brennpunkt bewusster Herrschaft werden, so besteht ihre erste Tat darin, eine Flamme zu bilden. So beginnen wir Menschen als ein individualisierter Brennpunkt der Göttlichkeit unseren Evolutionsprozess. Wir werden zu einem seiner selbst bewussten Wesen, das sich seines Ursprungs und der Vollkommenheit des Lebens vollauf bewusst ist. Alle Eigenschaften der Gottheit tragen wir in uns, wie auch die Fähigkeit, die schöpferische Kraft Gottes auszudrücken und zur Anwendung zu bringen. Den äußeren, menschlichen Teil dieser Tätigkeit nennen wir die Persönlichkeit, die jedoch nur ein Hilfsmittel darstellt, durch welches die Vollkommenheit im äußeren Stoff der Welt ausgedrückt werden soll. Als Söhne und Töchter Gottes verfügen wir über ein Selbstbestimmungsrecht, sodass es an uns liegt, wohin wir die Kraft, die Tätigkeit des Lichtes hinlenken. Unser Leib ist in Wahrheit auch aus Licht gebildet; die Inder nennen es Prana, hier soll es als Elektronenlicht bezeichnet werden.

Dieses Licht wirkt und webt durch alle Formen. Durch Gedanken können wir es lenken, wenn wir gelernt haben, es bewusst zu beherrschen.

Unser äußeres Bewusstsein ist nur ein winziger Bruchteil des göttlichen Wesens, das wir in unserer wahren Herrlichkeit sind. Aber durch weises Handeln können wir unser Menschsein zur Blüte entfalten, indem wir die göttliche Liebe bewusst lenken. Dann wird sie zu einer tätigen Kraft in unserem Leben und zu innerer Weisheit.

Betrachten wir nun wieder das Wesen der Strahlen – der Dualseelen. Die in sich selbst atmende und lebendige Gottflamme wirft zwei Strahlen in das große Meer reinen Elektronenlichts. Jeder Strahl trägt alle Eigenschaften der Gottheit in sich; keine Unvollkommenheit kann ihn je berühren. Ein Brennpunkt wird in jeden Strahl geschickt, der einen Herzmittelpunkt bildet, dort wird Lichtstoff gesammelt, der nun den Lichtkörper erschafft. Dieser Lichtkörper ist die individualisierte Flamme Gottes. Er ist von einem derartig blendenden, flammenden Licht von solcher Stärke gebildet, dass das menschliche Auge es nur für Bruchteile einer Sekunde zu ertragen vermag. Der physisch sichtbare Leib ist das Ergebnis der Verstandestätigkeit. Aus dem Herzen des Lichtkörpers fließt der Lebensgeist oder flüssiges Licht in den physischen Körper ein und füllt die Nervenbahnen. Diese Kraft, die uns aus der Gottflamme über den Lichtkörper zuströmt, ist unser wahres Leben; und der Grund, weshalb wir Menschen immer noch durch die Erfahrung des Todes schreiten, liegt in der Vergeudung dieses Elektronenlichts begründet.

Gelänge es uns, dieses in Gehirn und Körper zurückzuhalten, könnten wir alle Körperzellen ständig erneuern und unsere Körper transformieren.

Dualseelen, die das herrliche Vorrecht haben, sich in diesem Leben wieder zu begegnen, vermögen es, ihre Leiber zu erhöhen, wenn der Lebensstrom nicht abwärts gewendet und zur Leidenschaft wird. Eine Ausnahme bildet nur, wenn der Same von Mann und Frau der heiligen Aufgabe dient, einer anderen Seele einen Körper zu erzeugen.

Zum tieferen Verständnis sei jedoch erklärt, dass die herrliche Liebe einer Seele für ihre zweite Hälfte über alle Maßen erhebend und wunderbar ist, unendlich viel freudiger und beglückender, als es Leidenschaft je sein kann. Die bloße Gegenwart der ergänzenden Seelenhälfte beschert Gefühle tiefster Zufriedenheit und Empfindungen ungeahnten Glücks und Vollkommenheit. Wem selbst einmal die Gnade zuteil wird, die selige Verzückung zu erleben, die eine Wiederbegegnung mit der Dualseele bringt, wird zweifelsohne besser verstehen, wovon hier die Rede ist.

Ursprünglich bildete jedes Dualseelenpaar eine untrennbare Einheit. In absoluter Ergänzung handelten sie in gemeinsamer Abstimmung so, als wären sie nur ein einziges Wesen. Einmal aber trat der unglückselige Umstand ein, in dem sie sich aus dieser Einheit herauszulösen begannen. Dies konnte nur geschehen, weil der Verstandestätigkeit größere Aufmerksamkeit geschenkt wurde als der göttlichen Weisheit. Die Leibesform wurde einhergehend mit dieser Entwicklung dichter und materieller. Im Gegensatz dazu war sie vorher ätherischer, feinstofflicher oder geistiger. Die Spaltung in eine polare Welt, in eine Welt der Dualität, nahm hier ihren Anfang, und die Teilung in die Geschlechter erfolgte.

Das Erleben in der Polarität ist notwendig, ein äußerst

weiser göttlicher Ratschluss, der dazu verhilft, die verloren gegangene Einheit wieder zu finden. Das Leben in einer Welt der Gegensätze bietet eine sehr wirksame Maßnahme für das Individuum, durch das Erlernen der »Kunst zu unterscheiden« die Ganzheit wieder anzustreben.

Dieser Umstand ist dafür verantwortlich, dass sich zwei Seelen einer Gottflamme oft für unzählbare Leben aus den Augen verlieren. Die unbändige Sehnsucht nach der anderen Hälfte verschwindet jedoch nie wirklich aus ihren Herzen. Jeder hat für sich alleine Erfahrungen zu sammeln, sozusagen ein Lernprogramm zu absolvieren, welches die Persönlichkeit motivieren soll, aus innerem Antrieb ihrer Vollkommenheit behutsam näher zu kommen.

Eine endgültige Wiederverschmelzung mit unserer Dualseele kann nur dann erfolgen, wenn beide Hälften der Gottflamme mehr oder weniger in sich vollendet sind. Die dazu erforderlichen Erkenntnisprozesse, welche die Person zur vollen Entfaltung führt, werden möglicherweise durch geschlechterwechselnde Verkörperungen gefördert. Abwechselnde Verkörperungen in weiblichen wie männlichen Körpern können helfen, um ein ganzheitliches Verständnis zu erlangen.

Dieser Sachverhalt zeigt, dass eine Dualseele nicht unweigerlich im anderen Geschlecht zu finden sein muss. Mag sein, dass sie in manch einer Inkarnation dasselbe Geschlecht gewählt hat. Sind wir zum Beispiel in einem weiblichen Körper inkarniert und unsere Dualseele ebenfalls, könnte es sein, dass sie die Rolle unserer Mutter, Schwester, Tochter oder unserer Lehrmeisterin in diesem Leben spielt. Es ist eher ungewöhnlich, dass eine endgültige Verschmelzung mit ihr auf physischer Ebene erfolgen kann. Zwar ändert dieser Umstand nichts an der unwiderstehlichen gegenseitigen Anziehungskraft und der in-

nigen Verbundenheit mit ihr, doch die prädestinierte Einswerdung kann und wird in diesem Erdenleben nicht stattfinden.

Niemand außer der »göttlichen Weisheit« kennt den
Plan und weiß, wie oft eine männliche auf eine weibliche
Verkörperung erfolgt. Aber eines scheint sicher, die Ganzheit kann ein Menschenwesen nur dann erreichen, wenn
es ausreichende Erfahrungen in beiden Geschlechtern gesammelt hat, wenn weibliche und männliche Eigenschaften und Tugenden gleichermaßen in einer Persönlichkeit
ausgebildet wurden. Daher liegt die sicherste Methode,
unsere Dualseele anzuziehen und ihr innerhalb der physischen Welt näher zu kommen, darin, die eigene Person zu
vervollkommnen. Je weiter wir daher unsere innere Entwicklung vorantreiben, desto leichter rufen wir unsere
Dualseele in unseren Kreis, desto magnetischer wird unsere Fähigkeit, sie enger an uns zu ziehen.

Es erscheint wesentlich, an dieser Stelle nochmals ein-
dringlich zu betonen, dass die Seele an und für sich ge-
schlechtslos ist. In sich vollendet, ist sie eine geistige Wesenheit, die in absoluter Ausgewogenheit alle männlichen
wie weiblichen Attribute in sich vereint. Erscheint sie nun
zum Beispiel in einem männlichen Körper, dann geschieht
das entweder aus dem Bestreben heraus, ihre männlichen
Komponenten in die Vollendung zu bringen, oder weil für
ihre mitgebrachte Lebensaufgabe in dieser Inkarnation ein
männlicher Körper dienlicher ist. Umgekehrt gilt dasselbe
natürlich für eine weibliche Verkörperung.

Die Teilung in die Geschlechter dient daher nur dem
Zweck des »Wiederganzwerdens«. Außerdem kann diese
Spaltung lediglich in der materiellen Welt in Erscheinung
treten. Somit wird das Empfinden von Getrenntsein auch
nur hier erlebt. In der unbegrenzten Geisteswelt, in der
weder die Gegebenheiten von Zeit noch von Raum vor-

herrschen, wird man jederzeit der unteilbaren Einheit und des ewigen Jetzt gewahr. Einzig und allein, um in diesem Zustand wieder zu erwachen, benötigen Menschen die Erfahrungen in männlichen und weiblichen Körpern.

Die selbst verschuldete, wenn auch ungewollte Entfernung von unserer Dualseele durch Missbrauch unserer Verstandeskräfte kann durch Rückbesinnung auf unseren wahren Ursprung, durch Bewusstwerden des »göttlichen Wesens«, das wir in Wahrheit sind, aufgehoben werden.

Dualseelen, welche gemeinsam gezeugt der Gottflamme entsprungen sind, sind und bleiben immer zwei Einzelindividuen. Ihre Identität als eigenständige göttliche Wesenheit geht nie verloren. Ihr jeweiliges Selbst- oder Ichbewusstsein kann niemals ausgelöscht werden. Auch wenn ihre Seelen den ewigen Bund eingehen, die durch nichts zu trennende Verbindung ihrer Wesen besiegeln, bleibt immerdar ihre Individualität erhalten. Es ist die in Gott begründete Zusammengehörigkeit, welche sie nach außen hin als Einheit erscheinen lässt. Derselbe Geistessamen ist in ihnen ausgelegt, daher können sie gar nicht anders, als nach dem Gleichen zu streben. Ihre Ziele sind dieselben, und beide haben eine gemeinsame Bestimmung. Jedoch haben sie das Vorrecht, diese nach Gutdünken in unabhängiger Eigenständigkeit zu verfolgen. Dies ist auch der Grund, weshalb sich ihre Wege oft durch viele Lebenszeiten hindurch scheiden. Weil aber ein untrennbares, unsichtbares Band der Liebe ihre Seelen jenseits der Zeiten verweht, ist es vorherbestimmt, dass sie sich im Innern ständig anziehen und nacheinander suchen, bis dereinst ihre Entwicklung ein Gleichmaß erreicht hat und sie sich schließlich wieder finden.

Diese letztendliche Wiedereinswerdung bedeutet keinesfalls eine »ICH-Aufgabe«, sondern lässt sich in dem Gedanken ausdrücken: »ICH BIN DU und DU BIST ICH.«

Dies bedeutet, dass wir uns im anderen, in unserem zweiten Ich, unverzerrt wieder erkennen. Wir verschmelzen mit unserem Dual zu einer Wesenheit im Geiste, da wir Gleiches wollen, Gleiches denken, Gleiches fühlen, Gleiches sind.

Leben um Leben mögen verstreichen, ohne unserer Dualseele wieder zu begegnen. In solchen Verkörperungen bekommen wir dann jene Sehnsucht zu spüren, die immer unerträglicher wird, weil wir im Innern mit einer absoluten Gewissheit ahnen, dass es da jemanden gibt, der auf uns wartet, jemand, der uns zum Ganzsein fehlt und der mit ebensolcher Innigkeit eine Vereinigung mit unserem Wesen ersehnt wie wir mit seinem. Dieses Wünschen mag sich in uns regen, selbst dann, wenn wir in dieser Existenz im äußeren Leben schon eine Ehe eingegangen sind oder eine Lebensgemeinschaft gegründet haben.

Uns sollte bewusst bleiben, dass es eher die Ausnahme als die Regel ist, mit unserer Dualseele im äußerlichen Leben ehelich verbunden zu sein.

Die Partner, die wir uns erwählen, und jene Menschen, die uns das Schicksal zuführt, dienen vordergründig dazu, einen Reifungsprozess unserer Persönlichkeit zu beschleunigen beziehungsweise einzuleiten und unseren Charakter zu veredeln. Gerade jene disharmonischen und arbeitsintensiven Zweierbeziehungen, in denen wir uns abmühen müssen, sind es, welche die Grundpfeiler errichten, auf denen wir den unvergänglichen Tempel ewiger Einheit erbauen können.

Wir sind einem Abschleifungsprozess unterworfen, der unsere aufgeraute Oberflächenbeschaffenheit glättet und uns zu einem wunderschönen, strahlenden Wesen, das in sich vollendet ist, macht, uns dadurch vorbereitet und würdig werden lässt, den einzig wahren, den für uns bestimmten Ergänzungsteil unserer Seele wieder zu finden.

Unsere Dualseele ist jenes Wesen, dessen wir zu unserer Ganzheit bedürfen. Menschliche Wünsche und irdisches Wollen sind ausgeklammert beziehungsweise müssen bereits überwunden sein, ehe man die wahre Bedeutung und Bestimmung erfassen kann. Die wirklichen, wahren Aufgaben, welche Dualseelen im vereinten Schaffen zu leisten aufgerufen sind, liegen jenseits der erdhaften Sphäre. Jedes Dualseelenpaar ist dazu berufen, hat es einmal die Sinnhaftigkeit aller materiellen Erscheinungen durchschaut und seine scheinbaren Grenzen durchbrochen, auf kosmischen Ebenen ihr grenzenloses Wirken mit vereinten Kräften in den Dienst des göttlichen Willens zu stellen. Dann wird es selbst zu einer Quelle der Schöpfung, wird GOTT gleich und vollbringt göttliche Werke.

10.

Die Meister ziehen die Fäden

Ein weiteres Mysterium, welches im Wiederbegegnen zweier füreinander bestimmter Seelenhälften zum Tragen kommt, von Menschen im Allgemeinen jedoch selten als solches erkannt wird, offenbart sich in dem bewussten, aktiven Mitwirken einer höheren Intelligenz. »Höhere Intelligenz« stellt dabei einen übergeordneten Begriff dar. Sie kann sich im Menschenleben in vielerlei Gesichtern zeigen und in mannigfaltigen Erscheinungen kundtun. Die Interpretation oder Deutung ist zumeist abhängig von den religiösen Prägungen des Einzelnen. Manch einer, der an der Existenz von Engeln nicht zweifelt, mag das Wirken einer höheren Intelligenz in diesen Bereich verweisen. Andere wiederum glauben, dass der Segen einer allgegenwärtigen höheren Intelligenz aus der Verehrung von Weisen oder Heiligen fließt, die durch Gebet und Meditation empfangen oder durch unmittelbare Zuwendung an Gott erfahren werden kann. Jede dieser Auslegungen und Möglichkeiten ist richtig! Es tut eigentlich nichts zur Sache, welchem Ursprung das Wirken einer höheren Macht zugeschrieben wird, heilbringend ist allein die Tatsache, dass wir an ihrer realen Existenz nicht zweifeln. Zusammengefasst heißt das, dass es einerlei ist, welchen Namen wir dem Wirken der göttlichen Intelligenz geben. Ob wir sie nun Engel, Weise, Adepten oder »aufgestiegene Meister« nennen – ihre Allmacht und Größe wird deswegen in keiner Weise beeinflusst oder geschmälert.

Ich möchte sie aufgestiegene Meister nennen, da diese Bezeichnung exakt ihr wahres Wesen enthüllt. Sie sind aufgestiegen in eine höhere Form des Lebens, sind auferstanden im Lichte der Göttlichkeit. Jene Wesen haben das Leben und die Wiederkehr auf die Erde überwunden. Sie haben sich erhoben in eine höhere Lebensoktave, in der ein stofflich-materieller Leib nicht mehr benötigt wird. Sie haben sich vom Rad der Wiedergeburt befreit, sind dem Kreislauf von Geborenwerden und Sterben entwachsen und über alle materielle Erscheinung emporgehoben. Alle Höhen und Tiefen menschlicher Verkörperung haben sie im Laufe ihrer Entwicklung durchlebt, deshalb ist ihnen keine menschliche Erfahrung fremd. Sie haben ihr Menschsein zur Vollendung gebracht, so wie wir es alle einmal früher oder später vollbringen müssen. Die Meister wachen über dem Menschengeschlecht und achten darauf, dass seine Entwicklung nicht zum Stillstand kommt. Sie sind unumschränkt liebende, mit Engelsgeduld beeigenschaftete Wesen, die ihr Licht, ihre Liebe und ihre Weisheit in den Dienst des Menschen stellen. Im eigentlichen Sinne sind sie unsere wahren Lehrmeister und bieten ihre Hilfe an, wo und wann immer ein Mensch ihren Beistand erfordert.

Wenn einem Erdenmenschen Großartiges gelingt, auf welchem Gebiet auch immer, kann man stets davon ausgehen, dass die Meister beteiligt waren. Je offener und empfängnisbereiter unser geistiger Zustand ist, umso kraftvoller können sie durch uns wirken, uns Erkenntnisse und Inspirationen zuteil werden lassen, die unser Bewusstsein erheben. Nichts anderes als das Wissen und der Glaube an ihre Existenz ist notwendig, um den Segen ihrer Mithilfe zu erfahren.

Die Meister wirken stets durch das »höhere Selbst« jedes Menschen. Je bewusster sich ein Mensch seiner innewohnenden Göttlichkeit ist, desto machtvoller können diese hohen Wesen in sein persönliches Leben eingreifen, ihn lehren und führen und auch so genannte Schicksalsfügungen einleiten, die sein inneres Wachstum beschleunigen. Niemals jedoch werden sie gegen den persönlichen Willen des Menschen handeln, ihn zu etwas zwingen, was er nicht will. In seine selbst bestimmte Lebensführung mischen sie sich niemals ein. Nur wenn ihr Beistand erbeten wird, wenn die Seele des Menschen nach Erleuchtung verlangt, fühlen sie sich aufgerufen, jenem Suchenden ihre Hilfe angedeihen zu lassen.

Diese Meister reagieren und antworten allein auf die Qualität des Lichts, welches aus uns leuchtet. Daran erkennen sie die Reife und Entfaltung unseres geistigen Wesens. Strahlt das Licht besonders hell aus einem Menschen, wissen sie, dass dieser bereits eine höhere Stufe der Entwicklung verwirklicht hat. Sie wenden sich diesen »herausleuchtenden« Menschen zu, weil ihnen deren Strahlen die Bereitschaft zur geistigen Arbeit anzeigen.

Oftmals wissen es die Menschen nicht, dass ein hohes göttliches Wesen ihren Lebensweg begleitet und ihr Vorankommen fördert. Zwar mögen Dinge in ihrem Erdendasein geschehen, die an Wunder grenzen und ihr Leben zum Guten hin wenden; doch zumeist ahnt der betroffene Mensch nicht, dass die Urheber jener göttlichen Vorsehungen in Wahrheit die Meister sind.

Das Wissen um das wunderbare Wirken der Meister ist die Voraussetzung, um bestimmte Aspekte des Dualseelenmysteriums zu verstehen.

Eine ganz besondere Gnade wird den Menschen zuteil, wenn die Meister des Lichtes ihre Weisheit dazu verwenden, zwei füreinander bestimmte Seelen auf Erden wieder zusammenzuführen. Es wurde schon erwähnt, dass sie anhand des inneren Lichts des Menschen ermessen können, was er zu gegebener Zeit an Erfahrung und Erkenntnis benötigt. Daher erkennen sie auch den Zeitpunkt, der ein Wiederbegegnen mit der Dualseele erforderlich macht. Von der Sicht ihrer höheren Warte aus sehen sie, wenn zwei Strahlen einer Gottflamme gleichzeitig auf Erden inkarniert sind und ihre innere Entwicklung eine Wiederbegegnung und Wiedervereinigung verlangt. In ihrer großen Weisheit schaffen sie nun die Bedingungen, um die zwei Seelenhälften auf der weltlichen Ebene jeweils in die Nähe des anderen zu bringen, wobei die geografische Entfernung der Dualseelen voneinander keine Rolle spielt. Sie mögen durch Tausende Kilometer voneinander getrennt in verschiedenen Erdteilen leben und keiner ahnt oder weiß etwas vom anderen. Sieht es der göttliche Plan vor, dass sie in diesem Dasein wieder zusammenfinden sollen, weil die Erweckung des Seelenlichts danach verlangt, um den nächsten Entwicklungsschritt einzuleiten, werden die Meister des Lichts sich dieser Aufgabe annehmen. Sie werden Gegebenheiten schaffen, damit die beiden Lebenswege sich kreuzen. Sei es, dass sie den Wunsch einer Reise in die Gedanken der Menschen legen, ein Arrangement beruflicher Zusammenkunft knüpfen oder dergleichen. Unzählbar sind die Möglichkeiten und der Einfallsreichtum, der ein Treffen der füreinander Bestimmten Gestalt gewinnen lässt.

Die Meister ziehen unsichtbare Fäden, eröffnen Lichterpfade, denen die Dualseelen rein intuitiv, ohne Zutun des Verstandes, folgen, um sich letztendlich am Ende ihrer Wege leibhaftig gegenüberzustehen – und dann führt ein gemeinsamer Weg sie weiter.

Die Meister haben nicht nur die Fähigkeit, in unserer Aura den derzeitigen Stand unserer inneren Entwicklung zu lesen, sondern sie sehen auch unsere Vergangenheit und alle darin durchlebten Erfahrungen. Aber auch unsere Zukunft und somit unsere voraussichtliche zukünftige Weiterentwicklung können sie in dem uns umgebenden

Kraftfeld ablesen. Somit vermögen sie zu erkennen, durch ihre natürliche Begabung der Vorausschau, welche Gegebenheiten und Erfahrungen uns künftig erwarten. Die Lichtabstrahlung des Menschen teilt ihnen unzweideutig mit, ob ihr aktiver Einsatz gefordert wird oder auch nicht. Wann immer sie ihre Liebe in den Dienst des Menschen stellen, ihn in seiner Seelenentfaltung machtvoll fördern und Erleuchtungsprozesse einleiten dürfen, erfüllt sie das mit höchstem Glück und überirdischer Freude.

Sollte uns die Gnade widerfahren sein, in dieser Verkörperung unsere wahre Ergänzung, unsere Dualseele, wieder gefunden zu haben, sollte uns bewusst sein, dass die Erfüllung unseres Herzenswunsches nicht ausschließlich unser eigenes Verdienst war, sondern mit größter Wahrscheinlichkeit eine »höhere Macht« am Werke war. Aufgestiegene Meister, welche die Gesandten dieser »höheren Macht« darstellen, haben gemäß der göttlichen Vorsehung gehandelt und vollbracht, was zu vollbringen war.

Meist wirken sie im unsichtbaren Bereich geistiger Sphären und verweben hier Energien, die sie dann auf die Erde schicken und dort kristallisieren. Zumeist erfahren wir Menschen von unseren Gönnern nichts. Zwar können wir uns einer liebenden, göttlichen Gegenwart bewusst sein, weil aber unsere Augen diese herrlichen Wesen nicht sehen können, schreiben wir diese Empfindungen oft anderen Umständen zu. Unser begrenztes menschliches Bewusstsein ist nicht in der Lage, die Auswirkung einer Energie bis zu ihrem Ursprung zurückzuverfolgen. Aber wie immer und überall gibt es auch hier Ausnahmen. Wenn eine besondere Aufgabe im Wirken der Meister es erfordert, unmittelbar in der physisch-stofflichen Welt zu arbeiten beziehungsweise zu vermitteln, können die Meister des Lichts und der Weisheit, je nach Erfordernis, sich einen materiellen Körper aufbauen und, wenn sie es wünschen, völlig unerkannt mitten unter den Erdenmenschen verweilen und sogar mit ihnen sprechen. Sie passen sich ihrem jeweiligen irdischen Umfeld an, indem sie Kleidung und charakteristische Körpermerkmale des Volkes, in dem sie erscheinen, auswählen. Rein äußerlich unterscheiden sie sich dann in keiner Weise von anderen Menschen. Es ist vorgekommen, dass sie in einem solchen zeitlich begrenzten Leib Erdenmenschen besucht haben und ihnen gewisse persönliche Belehrungen erteilt oder ihnen einschneidende Ereignisse ihrer nächsten Zukunft vorausgesagt haben.

Mittels geistiger Kommunikation können sie Bilder, ähnlich einzelner Filmsequenzen, in das Bewusstsein des Menschen projizieren, die dieser wahrhaftig sieht und nie mehr vergessen wird. In dieser Art kann ein Meister einem Menschen seine Dualseele zeigen, wo und wie sich die Wiederbegegnung mit ihr gestalten wird und welche Aufgaben und Dienste mit ihr im vereinten Zustand sowohl auf Erden wie auch in geistigen Regionen zu leisten sein werden. Meist sind es besonders erweckte Seelen, die in dieser Form eingeweiht und auf die bevorstehende Vereinigung mit ihrem Dual vorbereitet werden.

Manche Menschen, denen derart Wunderbares widerfahren ist, mögen vielleicht annehmen, ein Engel sei ihnen erschienen. Andere wiederum sind sich des himmlischen Ursprungs einer solchen Begegnung nicht bewusst. Sie mögen vielleicht ein Empfinden in sich tragen und meinen, sie hätten einen außerordentlich weisen Menschen getroffen. Da ein Meister, wenn er mitten unter den Menschen wandelt, zumeist die Körperform, die er benutzt, nicht besonders auffällig gestaltet, muss ihn das Menschenwesen, welchem er greif- und sichtbar erscheint, nicht unbedingt als aufgestiegenen Meister erkennen. Denn ihn unterscheidet nichts, weder in seiner leiblichen

Form noch in seiner Gewandung, von anderen auf Erden verkörperten Menschen. Das einzige Merkmal, anhand dessen wir vielleicht einen Meister erkennen können, wenn er vorübergehend einen physischen Leib bewohnt, sind seine Augen. Ein seltsames Funkeln bricht aus ihnen hervor, und sie zeigen eine Tiefe, eine Unergründlichkeit, aus der die Weisheit der Jahrhunderte leuchtet. Aber auch die feine Beschaffenheit der Haut kann ein Hinweis sein, ein erleuchtetes Wesen vor sich zu haben.

Eine von Meistern initiierte Zusammenführung zweier Dualseelen kann aber auch auf eine weniger offensichtliche Art und Weise erfolgen. Sie wirken dann im Verborgenen und senden Energien aus, welche sich gemäß ihrer Prägung auf der Erdenebene verwirklichen. Sie können direkt in die Herzen der füreinander bestimmten Seelen Impulse senken oder sie lassen Gedankenblitze aufleuchten, die beide Dualseelen zum richtigen Handeln anregt. Auch kann es geschehen, dass sie eine dritte Person als Mittler einsetzen, die entsprechende Gegebenheiten erzeugt, damit sich die beiden in der Welt finden können. Ihr Wirken im Dienst an der Menschheit kann sich sehr subtil gestalten, sodass wir zwar oft erstaunt den Schicksalsfügungen in unserem Leben gegenüberstehen, aber nie auf den Gedanken kommen würden, dass die liebende Weisheit der Meister stets über uns wacht.

Seien wir uns bewusst, dass, wenn es im göttlichen Plan vorgesehen ist, in dieser Erdenzeit mit unserer Dualseele wieder eine Einheit zu bilden, von den Meistern alles unternommen wird, um diesen Zustand herbeizuführen. Frei von jeglicher Täuschung wissen sie, zu welcher Zeit und in welcher Art vorzugehen ist. Verlassen wir uns daher auf ihre Führung und vertrauen wir ihrer Allwissenheit und Weisheit. Bauen wir eine durch nichts zu trennende Verbindung mit ihnen auf – durch unser »höheres

Selbst« – und wir können mit Sicherheit davon ausgehen, dass uns im Leben nichts vorenthalten werden kann, was unser Seelenwachstum fördert und uns ausschließlich zum Segen gereicht. Wenn es so sein soll, wird es uns in die Gegenwart unserer Dualseele führen.

Die Aufgaben, welche die Meister leisten, die Liebesdienste, die sie den Erdenmenschen erweisen, sind in ihren Variationsmöglichkeiten unzählbar und individuell abgestimmt. Das Zusammenführen von Zwillingsstrahlen repräsentiert lediglich einen winzigen Bruchteil ihrer grenzenlosen Schaffenspalette und ihres zahllose Welten umspannenden Wirkungskreises.

11.

Die Begegnung mit der Dualseele

Eine unumstößliche Regel beziehungsweise Gesetzmäßigkeit im Universum lautet: »*Gleiches wird nur von Gleichem erkannt!*« Ein Narr also ist nicht imstande, einen Weisen zu erkennen. Er erkennt in seiner Welt immer nur sich selbst – den Narren. Somit zieht jeder im Leben das an, was ihm entspricht.

Die Dinge, die Verhältnisse, die Menschen, die uns auf Erden umgeben, spiegeln uns selbst wider und werden uns in jeder Hinsicht gerecht. Was wir in der Außenwelt sehen, sind Eigenschaften, die in uns leben, sind Inhalte, die wir in uns erkannt haben. Wir schwingen mit dem überein, was uns entspricht, und ziehen in unserer Welt das an, was wir innerlich sind.

Je höher wir im Geiste steigen, je mehr Licht und Wahrheit wir erfassen können, desto erhobener, heller und wirklicher gestaltet sich das Umfeld, in dem wir leben, und desto erhabener und edler werden die Menschen, denen wir begegnen.

Wünschen wir, weiter aufzusteigen, möchten wir unsere Seelenkräfte aufbauender einsetzen, müssen wir die Gefahren, die am Wege lauern, durchschauen und unschädlich machen. Der Schlüssel dazu liegt in unserer Aufmerksamkeit. Werden wir uns klar, dass wir zu dem werden, worüber wir nachsinnen, womit wir uns beschäftigen, was oder wem wir unser Augenmerk schenken und worüber wir meditieren. Nicht zuletzt ist die rechte Anwendung dieser Praxis die Voraussetzung, die zweite Hälfte unseres ICHs unseren ergänzenden Seelenteil, wieder zu finden. Gleiches wird nur von Gleichem erkannt! Die gleiche Höhe der Entfaltung ist es, die gleiche Reinheit unserer Seelen, die gleiche Freiheit, die uns unsere Dualseele erkennen lässt.

Im Zustand des Vereintseins mit der Dualseele zeigt sich das Gleichheitsgesetz auf allen Ebenen. Selbst die Körper zweier Seelenflammen gleichen sich. Ihre Gesichtszüge zeigen denselben Ausdruck, ihre Gliedmaßen sind ähnlich geformt, die Art, sich zu bewegen, ist dieselbe und die Weise, in der sie sprechen, zeugt vom selben Charakter. Wie Zwillinge derselben irdischen Familie wirken sie auf die Umgebung. Jeder ist die vollkommene Ergänzung des anderen.

Einen annähernden Vergleich finden wir bei Eheleuten, die eine jahrzehntelange Erdengemeinschaft miteinander verbindet. Auch hier kann festgestellt werden, dass im Laufe der gemeinsamen Jahre sowohl eine gesinnungsmäßige als auch eine körperliche Angleichung stattgefunden hat. Durch die immer während, ständig präsente Ausstrahlung des anderen sind ihre Wesen zusammengewachsen und eine Verbindung eingegangen, die sie gleich oder ähnlich werden ließ.

Wenn Harmonie zwischen zwei Wesen herrscht, nimmt jeder vom anderen sein jeweils Bestes an und komplettiert sozusagen die eigene Persönlichkeit. Ebenso formen gemeinsam durchlebte Erfahrungen eine innige Verbindung und eine Zusammengehörigkeit, die beide vor der Welt als Einheit zeigt.

Wann diese Verbindung im Leben der Dualseelen stattfindet und in welcher Art sie sich gestalten wird, kann in keiner allgemein gültigen Form erläutert und beantwortet werden. Diese Krönung menschlichen Daseins ist eine äußerst persönliche Erfahrung, die einzig und allein vom

»höheren Ich« zweier zusammengehörender Seelen bestimmt wird. So mannigfaltig und unterschiedlich die Charaktere der Menschen sind, so variantenreich und vielschichtig wird auch die Wiederbegegnung mit der Dualseele sich ereignen. Gewiss ist nur, dass eine Wiedervereinigung, ein Erkennen unseres Duals, die Bestimmung und Erfüllung unseres Menschseins ist. In jedem Menschenleben muss und wird sie sich einmal ereignen. Wie ein Zusammentreffen für uns im Besonderen ausfallen mag, kann nicht eindeutig gesagt werden. Aber wir können den Erlebnisschilderungen derer, die eine Vereinigung mit der zweiten Seelenhälfte bereits vollzogen haben, entnehmen, was in Körper und Seele vorgeht und was im Herzen an Gefühlen aufsteigt, wenn man seinem zweiten ICH wieder begegnet und ihm leibhaftig gegenübersteht.

Hat die göttliche Weisheit zwei Seelenflammen für reif und würdig befunden, kann sie unter Mithilfe der Meister eine Situation herbeiführen, in welcher die Dualseelen einander begegnen. Keiner von beiden muss sich bewusst sein, welch großartiges Ereignis ihnen bevorsteht. Beide mögen sich unverhofft am selben Ort einstellen. Es geschieht, dass sie sich entdecken und sich plötzlich unverwandt in die Augen blicken. Was dann im Inneren der beiden Seelenhälften abläuft, ist von ergreifender Einmaligkeit und Schönheit. Die erschütterndsten Empfindungen, die augenblicklich aus der unergründlichen Tiefe ihrer gemeinsam gezeugten Seelen empordringen, können vielleicht nur in der Ichform beschrieben und nachempfunden werden.

Ich sehe dich an und erkenne im Spiegel deines Augenlichts mein eigenes Wesen wieder. Dich, geliebtes Wesen, habe ich seit Weltaltern gesucht. Immer wusste ich tief in meinem Innersten, dass es dich gibt! Alle Zeit trug ich unauslöschlich dein Bild in meinem Herzen, gemalt in den Farben der unsterblichen Liebe. Dein Antlitz ist mir so vertraut, oft sah ich es in meinen Träumen, fühlte, wie du dich um mich sorgtest und dich meiner annahmst, in den schwersten, dunkelsten Stunden meines Lebens. Nun hat mich der allwissende Strom des Lebens wieder zu dir gebracht, und ich bin unendlich glücklich, mit dir wieder vereint zu sein. Deine bloße Gegenwart, die mich in einen himmlischen Liebesmantel hüllt, weckt in mir die erhabensten Gefühle. Nun weiß ich endlich, was es heißt, wahrhaft zu lieben. Mein über alles geliebtes Wesen, wir beide sind EINES! Und in mir keimt machtvoll das Wissen auf, dass keine Macht auf Erden uns je wieder zu trennen vermag. Denn DU bist ICH und ICH bin DU! Wo vorher so lange zwei waren, ist jetzt nur noch ein einziges Wesen – DU und ICH in die Unendlichkeit hinein verbunden. In und mit dir bin ich verschmolzen, zu einem einzigen, untrennbaren Sein!

Solche Worte könnten einer Seele, ausgesprochen oder schweigend gedacht, in dieser Form entspringen, wenn sie nach unzählbaren Jahren des Suchens ihrer geliebten zweiten Hälfte wieder begegnet.

Oft verhält es sich so, dass ihre diesmal aufgebauten Körper in Aussehen und Gehaben sehr jenen ähneln, die sie einst bewohnten, als sie auf Erden beide schon einmal vereint waren. Aber das untrüglichste Merkmal, am dem wir unsere Dualseele wieder erkennen können, ist ihre unverwechselbare Ausstrahlung. Die Wärme und Vertrautheit, die uns entgegenschlägt, wenn sie uns leibhaftig gegenübersteht, wird augenblicklich alle Zweifel ausschalten, und nach diesem Erkennen wird es keine Trennung mehr geben.

In der Außenwelt jedoch können sich die Wege zweier Seelen, die ihre Zusammengehörigkeit entdecken durften, kurzzeitig wieder trennen. Wenn jeder noch persönliche Aufgaben oder auch geistige Pflichten zu verrichten hat, gabeln sich ihre Pfade in verschiedene Richtungen. Sie können dann ihr Schaffen örtlich voneinander getrennt fortsetzen. Im Innern jedoch bleibt die innige Verbindung zwischen ihnen unantastbar bestehen. Im Geiste sind sie wahrhaft vereint! In jenen Zeiten werden sie sich auf den inneren Ebenen begegnen und mittels ihrer Gedanken miteinander kommunizieren. Jeder wird irgendwie fühlen, was der andere gerade tut, womit er beschäftigt ist und was sein Herz bewegt. Mitunter kommt es vor, dass sie sich in Zeiten äußeren Getrenntseins kurz in der Welt treffen und dann doch wieder jeder seines Weges ziehen muss. Dieses Treffen und Trennen erfüllt sie aber keineswegs mehr mit Traurigkeit, wissen sie doch in den Tiefen ihrer Seelen, dass eines zum anderen gehört und wahre Einheit allein im Geiste empfunden wird. Ist die Zeit, in welcher jeder gesondert seine Pflichten in der Welt verrichten muss, vollendet, erwartet sie ein Wiedersehen, in welchem nun endgültig der ewige Bund besiegelt wird.

Ist es im göttlichen Plan nicht vorgesehen, nach ihrem Erkennen noch einmal auseinander zu gehen, weil es ihnen bestimmt ist, bis zum Ende ihrer diesmaligen Inkarnation Seite an Seite zu leben, wird sich ihr gemeinsames Leben sicherlich von dem anderer Menschenpaare unterscheiden. Persönliches, eigennütziges Wollen ist in ihrem Begehren schon überwunden. In ihnen lebende Sehnsüchte und Bedürfnisse sind nicht länger auf irdischer Ebene allein zu stillen. Materielles Wünschen und Streben ist für sie bedeutungslos geworden. Ihre Herzensaugen sind nun einzig und allein auf himmlische Ziele gerichtet und konzentriert. Gemeinsam arbeiten sie daran, die atomische Struktur ihrer Körper zu verwandeln, um in Sphären des Lichtes aufzusteigen; denn es ist ihnen durchaus bewusst, dass ihr gemeinsames kosmisches Wirken erst richtig beginnen kann, wenn sie in die geistige Lichtwelt aufgestiegen sind.

Im alltäglichen Leben wird ein Dualseelenpaar kaum als solches auffallen; außer dass vielleicht eine besondere Harmonie zwischen ihnen und ein würde- und liebevoller Umgang miteinander ins Auge sticht. Sie mögen auch gemeinsame Kinder haben, die eine außergewöhnliche Innigkeit mit ihren Eltern verbindet. Die Kinder sind dann Früchte der wahren Liebe und in der Regel meist hoch entwickelte Seelen, da sie in wirklicher Liebe gezeugt wurden.

Wenn eine der Dualseelen auf Erden verkörpert ist und die andere körperlos in geistigen Regionen lebt, müsste man eigentlich annehmen, dass eine Begegnung in der materiellen Welt unmöglich ist. Dass eine telepathische Verbindung zwischen ihnen zustande kommen kann, dürfte nicht verwundern, aber die Tatsache, der Dualseele Auge in Auge gegenüberzustehen, erscheint undenkbar. Sie kann der nicht verkörperten Seele die Fähigkeit verleihen, sich zeitlich befristet sichtbar zu machen, also einen stofflichen Körper zu kristallisieren. In diesem kann sie dann leibhaftig ihrem Dual gegenübertreten, wenn eine bestimmte Aufgabe oder Belehrung diese Art von Begegnung erforderlich macht. In dieser angenommenen Form ist es ihr möglich, die zweite Seelenhälfte zu besuchen, mit ihr zu sprechen und sie auch zu berühren. Ein derartiger Kontakt wird im Herzen der auf Erden inkarnierten Dualseele nie mehr vergessen werden, und die lebendige Erinnerung an dieses Geschehen mag in ihr Kräfte mobilisieren, die ihr durch irdische Prüfungen und schwere Zeiten leichter hindurchhelfen. Aber auch wenn beide Seelenhälften auf Erden verkörpert sind, eine Begegnung und dauernde Verbindung in der Welt jedoch noch nicht vorgesehen ist, kann ein derartiger Kontakt erfolgen.

Eine Begegnung mit der Dualseele, die in diesem Leben nicht inkarniert ist, während die andere sich in der stofflichen Welt aufhält, kann auch andere Formen annehmen. Sie kann ein anderes auf Erden verkörpertes Menschenwesen inspirieren, welches in unmittelbarer Nähe der zweiten Seelenhälfte lebt. Diese erwählte Person wird dann als Vermittler wirken und Gedanken- und Gefühlsinhalte weitergeben, die der Dualseele zugedacht sind. Oft entstammt die Mittlerperson ein und derselben Seelenfamilie, in dessen Verband schon viele Lebenszeiten geteilt und miteinander verbracht wurden. In der äußeren Unwissenheit unseres Verstandes mögen wir dieses Seelenfamilienmitglied irrtümlich für unsere wahre Dualseele halten, da sie eine uns vertraute Schwingung ausstrahlt. Sie kann uns unter Umständen von unserer Dualseele geschickt werden, um uns Beistand zu leisten, wenn es ihr selbst nicht möglich ist, sich auf irdischer Ebene auszudrücken. Es könnte sogar sein, dass wir unser Leben mit einem Seelenfamilienmitglied in einer ehelichen oder freundschaftlichen Gemeinschaft verbringen; oder aber wir treffen es nur für kurze Zeit, wenn uns Anstöße gegeben werden oder uns in einer Lebenskrise Mut und Vertrauen zugesprochen werden sollen.

Die Dualseele, welche sich körperlos in einer geistigen Welt befindet, hat die Möglichkeit, wenn sie es wünscht oder wenn eine gewisse Situation es erfordert, durch die Materie zu wirken. Es muss nicht immer ein anderes Menschenwesen sein, welches von ihr empfangene Eingebungen an ihren zweiten Seelenteil weitergibt; sie kann ebenso durch die Natur mit uns in Kontakt treten. Womöglich kann sie uns durch die Augen eines Tieres anblicken, in Blumen oder Bäumen erscheinen, oder wir mögen ihre Nähe im Betrachten des nächtlichen Sternenhimmels erfühlen – durch alle Formen kann sie mit uns sprechen, und selbst Gegenstände können uns ihre Gegenwart empfinden lassen. Da im Geiste alles eine Einheit bildet, werden sich nicht nur die Menschen mit- und untereinander verbunden wissen, da alle Lebensformen im geistigen Zustand eins sind.

Erinnert uns dies nicht sehr an die Welt der Märchen und Fabeln? Da gibt es verzauberte Menschen, die in Tiergestalten eingeschlossen sind, wie zum Beispiel der Froschkönig. Da gibt es Blumen, die sprechen, und redende Felsen. Es liegt eine tief verborgene Wahrheit in den Märchen. Wer Augen hat, um zu sehen und Ohren, um zu hören, wird dahinter ewig gültige Wahrheiten entdecken können.

Wie bereits dargelegt, ist ein Treffen mit der Dualseele sowohl im Äußeren der Welt als auch auf inneren Ebenen möglich. Mit inneren Ebenen sind die Welten der Seele, der Gefühle, der Gedanken und des Geistes gemeint. Eine ganz besondere Art der Begegnung im Inneren ist das reale Zusammentreffen zweier Seelenhälften im Traum. Viele von uns mögen einen regen Kontakt mit ihrer Dualseele pflegen, ohne im Tagesbewusstsein dieser Begegnungen im Innern gewahr zu werden. Da diese Treffen sich auf höheren Bewusstseinsebenen ereignen, ist es zumeist der Fall, dass wir die bewusste Erinnerung daran verlieren. Zwar mögen, wenn wir des Morgens die Augen aufschlagen, seltsamste Empfindungen in uns nachklingen, und ein eigentümliches Gefühl, etwas Außergewöhnliches erlebt zu haben, mag in uns aufkeimen, doch was sich genau in der Nacht ereignet hat, entzieht sich vollends unserem Begreifen. In Zeiten großer Veränderung wird es oft geschehen, dass die Dualseele uns sehr nahe kommt, uns mit Kräften nährt und stützt, um einen Neubeginn zu erleichtern. Sie schenkt uns die Sicherheit ihrer Gegenwart, die uns Schwierigkeiten müheloser überwinden lässt. Dasselbe gilt für harte Bewährungsproben im Leben, schwere Krankheiten, die durchzustehen sind, oder Wiedergutmachungsprozesse, die unserem menschlichen Dasein einiges abverlangen. In diesen düsteren Lebenstagen werden wir nicht allein sein, denn unsere Dualseele beschenkt uns mit ihrem Licht und ihrer Liebe und wird uns durch so manche Prüfung mit ihrem inneren Beistand begleiten.

Auch wenn sich dies alles in anderen Sphären abspielt und unser menschliches Gehirn oft die Erinnerung an diese realen Erlebnisse vereitelt, verspüren wir dennoch im Herzen eine Gewissheit, einen bleibenden Eindruck, der die Seele befruchtet und uns nicht daran zweifeln lässt, dass unsere Dualseele existiert, für uns da ist und mit derselben Innigkeit eine endgültige Wiedervereinigung herbeisehnt wie wir selbst.

Einigen mag es sogar gelingen, das Wissen einer Begegnung mit der Dualseele im Traum bewusst aufrechtzuerhalten. Bei jenen wird die Erinnerung nicht mit dem Augenaufschlagen bei Tagesanbruch gelöscht. Sie mögen sich jedes Details dieser Traumbegegnung vollauf bewusst sein. Jederzeit können sie sich das Bild der Dualseele in Erinnerung rufen, können, gleich einem Film, das Traumerlebnis jederzeit abspulen und wieder durchleben. Jenen Menschen ist das Aussehen ihrer Dualseele beziehungsweise ihre diesmal gewählte körperliche Erscheinung bekannt. Untrüglich werden sich beide sofort wiedererkennen, sollten sie sich in der Welt begegnen.

Eine Wiederbegegnung zweier füreinander bestimmter Seelen kann aber auch völlig entgegengesetzt zu dem bis jetzt Geschilderten geschehen. Sie mögen auf Erden durch eine gewisse herbeigeführte Situation zusammentreffen, und ein Seelenteil mag dabei nicht einmal Außergewöhnliches empfinden. Er hat nicht die geringste Ahnung, dass er seiner Dualseele gegenübersteht. Er kann zwar eigentümlich berührt sein, doch den Ursprung dieser seltsamen Berührung kann er nicht entschlüsseln. Zu sehr ist die Erinnerung an seinen Seelenpartner noch verschüttet. Die Schleier beginnen sich aber zu lichten, je weiter er im Prozess der Selbstentfaltung voranschreitet. Je kraftvoller er die Schlacken der Vergangenheit beseitigt, desto klarer, strahlender und faszinierender wird er das Abbild seiner zweiten Hälfte in seinem Herzen erkennen. Mehr und mehr ist er dann imstande, die makellose Schönheit seines Seelendoppels mit Herzensaugen zu sehen. Begegnet er ihr nach weiterer Reifung ein zweites Mal, wird er von dem, was er nun im Antlitz seiner Dualseele erblickt, überwältigt sein. Er sieht das wunderbare Liebeslicht, das aus den Augen seiner Zwillingsseele leuchtet, und fühlt die ewige Einheit, die ihn seit Weltaltern mit ihr verbindet. Der zweite Zwillingsstrahl war in die Zusammengehörigkeit ihrer Seelen schon eingeweiht, da sein Bewusstsein entwickelter war. So musste er duldsam verharrend den Augenblick abwarten, bis seine zweite Hälfte dieselbe Höhe erklettert hatte, um diese Wahrheit ebenfalls erfassen zu können.

Die Begegnung mit unserer Ergänzung muss nicht unbedingt von einem blitzartigen Wiedererkennen gekennzeichnet sein. So kann es mitunter vorkommen, dass die Dualseele in unmittelbarer Nähe unseres äußeren menschlichen Kreises lebt. Wir können eine Verbindung zu ihr haben, sei diese privater, familiärer oder beruflicher Natur, und sie doch, unter diesen gegebenen Umständen, nicht als unsere Seelenergänzung erfassen. Insbesondere wenn gesellschaftliche, vielleicht auch bildungsmäßige Unterschiede hinzukommen, sind wir verleitet, gedankliche Barrieren aufzubauen, und schaffen dadurch selbst eine scheinbar unüberbrückbare Entfernung zu ihr. Wir fühlen uns unwiderstehlich zu ihr hingezogen, wagen es jedoch nicht, unsere heimlichen Gefühle zu ihr auszudrücken, sie in irgendeiner Form zu zeigen, geschweige denn auszusprechen. Zu sehr werden wir von Zweifeln geplagt, und selbst in unseren Träumen erlauben wir uns nicht den Glauben, dass unsere heimliche Liebe jemals erwidert werden kann. Wann immer dieses Menschenwesen in näheren Kontakt zu uns tritt, sind wir wie verwandelt und empfinden eine Seligkeit, die uns für Momente alles um uns herum vergessen lässt.

Diese Regungen entspringen unserem reinen Herzen und könnten nicht stattfinden, wenn sich nicht tatsächlich eine Berührung auf der Seelenebene ereignen würde. Die trennende Kluft tritt lediglich äußerlich in Erscheinung, während im Inneren die Seelenschwingungen verschmelzen und eine Einheit herstellen.

Jahre können vergehen, ohne dass einer dem anderen seine intimsten Empfindungen der Liebe gesteht, ohne dass ihr wohl gehütetes Geheimnis zur Oberfläche dringt. Doch der Augenblick der Erfüllung wird und muss einmal kommen, denn dies ist die Bestimmung, die auf sie wartet. Die göttliche Weisheit kennt den Zeitpunkt, an dem beide Seelen ihre Gefühle füreinander preisgeben, beziehungsweise bestimmt und leitet diese Zeit ein. Sie kann eine völlig unerwartete Situation herbeiführen, in welcher die beiden füreinander Bestimmten sich ihre unsterbliche Liebe offenbaren und äußerlich sichtbar machen, was lange schon in ihren Herzen glühte. Unbeschreibliches Glück erfüllt diesen Augenblick und hüllt beide in einen Himmelsmantel, der alles Weltliche an Schönheit und Erhabenheit übertrifft. Dieser Freudentaumel, der zwei Herzen in solch einem Moment bewegt, kann in Worten niemals übermittelt werden. Nur wer selbst einmal in die Verzückung dieses Zustands kommt, kann ermessen und nachempfinden, was es heißt, diese Seligkeit zu erleben.

Die unwiderstehliche Anziehungskraft, die zwischen zwei Dualseelen vorherrscht, ist und bleibt überwältigend. Sie ist der Motor, die Antriebswelle, die sie ohne Unterlass in Bewegung setzt und anregt, nacheinander zu suchen, wenn sie sich in der Welt aus den Augen verloren haben. Unzerstörbar ist die Lichtverbindung ihrer Herzen, mag kommen und geschehen, was will. Keine Macht kann sie je trennen, es sei denn der Mensch selbst entfernt sich gedanklich und gefühlsmäßig von seiner zweiten Seelenhälfte. Doch selbst diese Entwicklung ist nicht von ewiger Dauer, weil allezeit eine übergeordnete Weisheit ihre Herzen zusammenhält und dafür sorgt, dass sie eines Tages wieder die Einheit, in der sie geschaffen wurden, herstellen.

12.

Wiedererkennen und Vollendung

Ein Mensch kann seiner Dualseele bereits begegnet sein, sogar ein glückliches Leben an ihrer Seite führen und sie doch nicht als solche erkennen. Sicherlich ist er durch ein strahlendes Liebesband mit ihr verwoben. Er schätzt und achtet seinen Lebenspartner, hegt großen Respekt für ihn, aber zu der Tatsache, dass dieser Lebensgefährte die wirkliche Ergänzung seiner Seele ist, kann er noch nicht in seinem vollen Umfang durchdringen. Etwas scheint ihn von dieser Erkenntnis zu trennen, irgendetwas entfernt ihn von der Bewusstwerdung. Für diesen Tatbestand gibt es nur eine einzige plausible Erklärung! Aller Wahrscheinlichkeit nach ist seine Aufmerksamkeit noch in eine andere Richtung zerstreut. Anderweitige Interessen oder selbst erwählte Aufgaben stehen bei ihm noch im Vordergrund, lenken ihn zu sehr ab, sodass er den Segen der Vereinigung mit der Dualseele auf der irdischen Ebene noch nicht in der rechten Art verspüren kann. Zwar fühlt er eine große Liebe zu ihr, ist dankbar, einen solchen wunderbaren Lebenspartner gefunden zu haben, doch er weiß noch nicht, dass dieser sein zweites Ich ist. Das Licht in ihm ist noch nicht vollständig erwacht, darum muss er sein Leben fortsetzen, bis sein Geist klar und frei wird, um diese Erkenntnis einziehen zu lassen. In dem Maße, wie er sich dem Licht zuzuneigen beginnt, wird er Hilfe aus der geistigen Welt empfangen, die in sein Herz den Samen des Erkennens senkt.

Die Ursache, den einzig wahren Seelenpartner nicht zu erkennen, liegt daher allein in der eigenen Person begründet. Fangen wir an, die Fühler mittels unserer Aufmerksamkeit in Richtung unserer Dualseele auszustrecken, wird es uns gelingen, sie nicht nur empfindungsmäßig, ahnend zu ertasten, sondern wir senden gleichzeitig den Impuls aus, dass sie sich uns zu erkennen gibt. Unser Wille ist die Grundlage, der tiefe Wunsch, sie zu finden.

Konzentrierte Aufmerksamkeit, die wie ein Laser auf ein gewünschtes Ziel gerichtet wird, trägt die Kraft der Erfüllung bereits in sich. Denn es ist ein ewiges Gesetz, dass wir unweigerlich zu dem werden, worüber wir am meisten nachsinnen. Werfen wir daher alle Gedanken in das Wissen, dass unsere Dualseele für uns existiert, wird unser sehnliches Wünschen, sie zu erkennen, erfüllt werden.

Eines muss jedoch beachtet werden: Im Prozess des geistigen Wachstums können keine Entwicklungsstufen übersprungen werden. Etwas zu fordern, ohne eine entsprechende innere Reife dafür zu besitzen, wird uns den Erfolg nicht bringen. Ein natürliches, gesundes Vorankommen, bei dem jeder Schritt nach vorne innerlich gefestigt ist, bildet die sicherste Basis, dorthin zu gelangen, wohin man möchte. Oftmals benötigt es die lehrreiche Lektion der Geduld, die zu bemeistern ist, ehe wir das Ziel erreichen können. Beharrlichkeit, Ausdauer und unerschütterliches Wollen sind die Garantie, um all jenes zu verwirklichen, was wir reinen Herzens erflehen. Lassen wir uns in diesem Zusammenhang von der Idee, unsere zweite Seelenhälfte erkennen zu wollen, nicht abbringen, werden wir die Erfüllung dieses Wunsches auf natürlichste Weise vorbereiten.

Solange wir nicht wirklich frei für den wahren Seelenpartner sind, verhindern wir ein Erkennen und schieben dieses gnadenvolle Erleben weit von uns weg. Je mehr es uns jedoch gelingt, uns auf die wahren Werte im Leben zurückzubesinnen – und dazu gehört entscheidend die

Wiedervereinigung mit der Dualseele –, desto klarer werden unsere Ausstrahlungen, die ein Näherkommen unseres Seelenzwillings ermöglichen. Wenn wir die Suche nach unserer Dualseele in der Welt beenden und unsere Blicke nach innen wenden, die eigene Seelentiefe erforschen und ausloten, wird das Antlitz der geliebten zweiten Seele dem Licht unserer Innenwelt entsteigen und sich mit unserem Wesen vermählen.

Jetzt ist der große Augenblick gekommen. Wovon zwei Zwillingsseelen jahrhunderte-, womöglich jahrtausendelang träumten, wird jetzt vollendet. Die Reife ihrer Seelen und das verstärkte Licht, welches sie ausstrahlen, ermöglicht dieses Geschehen. Auf diesen Moment durch viele Lebenszeiten vorbereitet, sind sie nun würdig, gemeinsam in das Licht einzugehen, in göttlicher Umarmung ihre Seelen zu einer Wesenheit zu verbinden und den Bund der Ewigkeit in Gottes Gegenwart zu vollziehen.

Der Platz, an der eine solche »himmlische Hochzeit« vollzogen wird, kann sich durchaus auf Erden befinden. Meist ist sie ein Zentrum der Meister, von denen viele über die ganze Welt verteilt existieren. Geistig geschützt, können solche Stätten allerorts auf Erden errichtet werden, sei es in irdischen Gebäuden oder auch inmitten der Natur, wie zum Beispiel im Inneren von Bergen oder unterhalb der Erdoberfläche. Die Meister der Liebe und des Lichts haben ihre Zentren über die gesamte Erde verstreut. An diesen besonderen Stellen fließt intensiviert kosmische Energie ein und speist und versorgt die gesamte Erdsphäre mit göttlicher Kraft.

Versuchen wir, uns einzustimmen und an einer Festlichkeit teilzunehmen, welche zwei Seelenhälften in einer himmlischen Zeremonie zu einer untrennbaren Wesenheit wieder vereint.

Eine Schar der vollkommenen Meister ist versammelt.

Sie haben einen Kreis gebildet und eine Verbindung ihrer Herzen hergestellt, die auch körperlich ausgedrückt wird, indem die Hände am Rücken (hinter dem Sonnengeflecht / Solarplexus) des jeweiligen Nachbarn ruhen. Durch diesen Einklang der Herzen erzeugen sie eine machtvoll konzentrierte Kraft und schaffen eine Atmosphäre, welche die himmlische Welt auf die Erdenebene zieht und in ihr verankert. Inmitten dieses Kraftkreises steht das vor Gott zu vereinende Menschenpaar. Licht, das eine natürliche Emanation geballter Energie darstellt, strömt herab, umhüllt die in unsterblicher Liebe verbundenen Dualseelen und nimmt sie zärtlich umschließend in seine Mitte. Man kann nun beobachten, wie das Licht an Stärke und Intensität zunimmt und sich in einem Brennpunkt, wie eine Sonnenkrone, über den Häuptern der zu vereinenden Seelen sammelt. Dieses Lichtjuwel, das sich gleißend in der Luft erhoben manifestiert, schickt gewaltige Strahlen aus, erleuchtet und erhellt den Raum aller Anwesenden. Eine für die Augen unerwachter Menschen beinahe unerträgliche Helle durchflutet den Ort des Geschehens. Jemand, der dieses Ereignis beobachtet, wird feststellen, wie die Konturen der Körper allmählich seiner Sicht entzogen werden und sich im Licht auflösen. Die physischen Körper der Dualseelen entschwinden der irdischen Welt, um in der unbegrenzten Geisteswelt ihre Auferstehung zu vollziehen. Gehüllt in Lichtgewänder, die anmuten, als wären sie aus lebendigen, Funken sprühenden Edelsteinen geschaffen, treten sie verwandelt aus dem Sternenreich hervor. Ihre neu geformten, transformierten Körper erheben sich, beginnen langsam in die Höhe zu gleiten, schweben aufeinander zu und treffen sich in göttlicher Umarmung.

Aus dem Unsichtbaren ertönt himmlische Sphärenmusik. Einer in Regenbogenfarben schillernden Lichtformation entströmen diese engelhaften Klänge, und die Stimme eines göttlichen Sängers beginnt sich zu erheben. Das lichtdurchstrahlte Regenbogengebilde senkt sich über das wieder vereinte Dualseelenpaar und wölbt sich wie ein Lichtschirm über die beiden und nimmt sie in seine Obhut. Eine majestätische Stimme erklingt in diesem heiligen Augenblick und spricht in glockenhellem Ton die Worte: »Es ist vollbracht! Das Werk, das viele Lebenszeiten umspannte, ist nun zu seiner Vollendung gekommen. In der Gegenwart Gottes und durch seine Kraft vereinige ich diese Seelen der ›Ewigen Flamme des Lebens‹ in höchster Liebe, in Licht und Vollendung!«

Das derart gesegnete Dualseelenpaar geht nun jenseits aller Sorge und Begrenzung in die ewige Vollkommenheit des Seins ein, gekleidet in Leiber immer währenden Lichts, in das Gewand der Unsterblichkeit, das heller leuchtet als die Sonne am Mittag. Nun sind beide Zwillingsstrahlen reif zum Wirken in kosmischen Ebenen. Ihr gemeinsames Dienen im Licht kann beginnen!

Alle vollkommenen männlichen und weiblichen Aspekte sind jetzt zu einem göttlichen Ganzen zusammengewachsen und offenbaren eine unteilbare Einheit im Geiste. Die Heimstatt vereinigter Zwillingsstrahlen liegt in feinstofflichen Sphären, wobei sie jedoch weiterhin auf und für die Erde wirken. Von Zeit zu Zeit, je nach den Erfordernissen, mögen beide oder auch nur einer sich in einem Körper verdichten und inmitten der Menschheit auf der Erde wirken. Sie begleiten und führen uns Menschen, zeigen uns den Weg ins Licht in aufopfernder Hingabe, bis auch wir dereinst jene Freiheitsstufe erklimmen, die sie bereits verwirklicht haben.

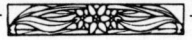

TEIL III

Wie finde ich meine dualseele?

13.

Innere Weisheit und
äußeres Wissen

Die Frage »Wie finde ich meine Dualseele?« beschäftigt zahllose Menschen, und selbstverständlich liegt es in meiner Absicht, allen Suchenden Hilfestellungen anzubieten und Richtungen zu weisen. Da aber in jedem Menschen ein äußerst individuell gefärbter Lebensauftrag zum Tragen kommt, ist es unmöglich, eine allgemein gültige Universalregel aufzustellen. Aus diesem Grund bin ich bemüht, eine vielschichtige Aufstellung zu zeigen, in der jeder seinen Weg zu erkennen vermag. Es werden verschiedene Vorgehensweisen angesprochen, für welche sich jedoch der Einzelne entscheidet, bleibt seiner Persönlichkeit überlassen. Auch sei erwähnt, dass Wege nur aufgezeigt werden können, gehen muss sie jeder für sich selbst. Weder der Entschluss dazu noch die Handlung kann ihnen von jemand anderem abgenommen werden.

Viele spirituell interessierte und nach Antwort suchende Menschen fühlen sich vom Bereich der Astrologie besonders angezogen. Sie erwarten, durch astrologisches Wissen Aufschlüsse über die eigene Person zu erhalten, eine Klärung gewisser Lebenssituationen herbeiführen zu können und Lösungen für ihre persönlichen Problemstellungen geliefert zu bekommen. Die Astrologie erfreut sich auch heute noch einer hohen Anerkennung. Nicht allein Privatpersonen, selbst seriöse Firmen aus der Wirtschaft ziehen Nutzen aus dem Wissen und der Praxis astrologischen Geistesgutes. Es ist unumstritten, dass die Astrologie ein nützliches Instrument darstellt, wenn man von ihr nicht mehr erwartet, als sie leisten kann. Die heutige Astrologie hat aber nicht mehr viel gemein mit jener, die noch vor Jahrhunderten oder im Altertum praktiziert wurde. Heute beschäftigt sich jeder Laie mit ihr. Unzählige Bücher mit den unterschiedlichsten Auslegungen und Interpretationen sind im Handel erhältlich und stehen jedermann zur Verfügung. Manch einer, der eifrig damit beschäftigt war, ihre Lehren aus Büchern zu studieren, meint allzu schnell, ein profunder Astrologe zu sein.

Die wahrhaft großen Astrologen der Vergangenheit jedoch waren nicht nur Meister ihres Faches, sondern verfügten über Weisheit, Intuition und hellseherische Fähigkeiten. Sie waren wirkliche Eingeweihte, die sich der Astrologie lediglich als Hilfswerkzeug bedienten.

Die heutige Astrologie ist keine Sternenweisheit mehr, sondern entstammt der psychischen Schicht, jener astralen Ebene, in welcher sich Wesenheiten tummeln, deren Erkenntnis äußerst begrenzt ist und deren Bilder trügerisch sind.

Viele, die mit Begeisterung der Astrologie zugetan sind und mit Leidenschaft Horoskope berechnen, wissen nicht, dass sie sich verfangen können im Netzwerk der astralen Welten. Der Weg der Astrologie wird heute mehr als jeder andere missbraucht.

Das führt uns zu der Frage: »Können wir mithilfe der Astrologie unsere Dualseele erkennen?« Dazu sind einige Vorbemerkungen erforderlich, was wir dem Horoskop entnehmen können und welches Wissen es uns vorenthält.

Die Stellung der einzelnen Planeten in den zwölf Häusern gibt uns Aufschluss, welche Art von Kräften in unserer Persönlichkeit nach Ausdruck ringen. Es ist sicherlich richtig, dass von einem Astrologen, der von seinem Handwerk etwas versteht, anhand des Horoskops ein Bild der Persönlichkeitsstruktur erstellt werden kann. Je nach Begabung und Fähigkeit des berechnenden Astrologen erhalten wir Aufschlüsse, in welchen Sparten unsere speziellen Talente liegen und wo unser Lebensziel und -auftrag zu finden ist. Veranlagung und Neigung der Person können herausgelesen werden, aber ‚gleichzeitig erscheint auch eine nicht zu durchstoßende Grenzwand. Der Astrologe, sofern er keine seherischen Qualitäten oder tiefe Intuition mitbringt, ist nicht in der Lage zu sagen, wie weit der Einzelne seine Talente entwickelt hat, ob sie noch brachliegen oder unbewusst in ihm vorhanden sind. Welchen Gebrauch der Fragesteller von seinen Begabungen macht, in welcher Art er sie ausnützt, ob Schwächen bereits in Stärken umgewandelt wurden, alles dies kann uns die Astrologie nicht beantworten. Doch gerade darauf würde es ankommen! So stehen wir erneut vor einem »gordischen Knoten«, den zu lösen kein anderer imstande ist als man selbst. Das Bedürfnis, sich der Astrologie in ihrer heutigen, vielfach kommerzialisierten Anwendung zu bedienen, entspringt allein einem allzu menschlichen Verlangen, die äußeren Wünsche zu befriedigen und zu rechtfertigen.

Werfen wir nun ein Auge auf die Partnerschaftshoroskope und schauen uns an, was wir daraus entnehmen können. Im Grunde ist eine Partnerschaftsanalyse nichts anderes als eine Gegenüberstellung zweier Einzelhoroskope von Menschen, die erfahren möchten, ob ein Zusammenleben angebracht ist und harmonisch verlaufen wird. Durch einen Vergleich, wo die einzelnen Planeten in den Häusern stehen, ob Spannungen oder Gleichklänge innerhalb dieser aufscheinen, können Rückschlüsse gezogen werden, in welchen Bereichen mit Reibereien zu rechnen ist und wo Übereinstimmungen vorherrschen, um es ganz vereinfacht auszudrücken. Allein schon die Tatsache, dass zwei Menschen – oder auch nur einer davon – erwarten, von außen eine Zustimmung für ein gemeinsames

Leben zu erhalten, lässt die Vermutung auftauchen, dass im Inneren wohl gewisse Zweifel bestehen müssen. Oder aber ein Partnerschaftshoroskop wird zu einer Zeit erstellt, da zwei Menschen bereits eine Verbindung eingegangen sind und ihr Zusammenleben stets eine Problematik aufwirft, mit der sich beide überfordert sehen. Im besten Fall kann der Bereich, in dem es immer wieder zu Uneinigkeiten und Spannungen kommt, aufgezeigt werden. Doch selbst dieser dürfte den Betroffenen schon bekannt sein und keine wirklich neue Erkenntnis für sie bedeuten.

Meiner Meinung nach wird eine astrologische Partnerschaftsanalyse nur dann gefordert, wenn innerlich eine Unsicherheit vorherrscht, wenn wir bezüglich einer Entscheidung zögern und wenn Zweifel, »Ja« zu einer bestimmten Person zu sagen, in uns laut werden. Befinden wir uns in einer glücklichen Zweisamkeit oder leben wir mit einem Menschen und fühlen uns zufrieden in seiner Nähe, werden wir wohl kaum ein Verlangen dazu verspüren, uns eine Bestätigung in Form einer astrologischen Analyse einzuholen.

Gehen wir noch einen Schritt weiter und stellen der Frage nach, ob es denn möglich sei, die Dualseele im Spiegel der Astrologie erkennen zu können.

Wenn zwei Menschen eine innige Harmonie miteinander verbindet und sie sich in gewissen Themenschwerpunkten ausgezeichnet ergänzen, wird dieser Umstand selbstverständlich auch in einem Partnerschaftshoroskop sichtbar sein. Jedoch die Tatsache, dass zwei Menschen miteinander gut auskommen, reicht bei weitem nicht aus, erkennen zu können, ob es sich hier um Dualseelen ein und derselben göttlichen Flamme handelt. Wenn auch noch so viele Gemeinsamkeiten in einem Horoskop herausgelesen werden können, geht daraus nicht hervor, ob diese beiden die von Ewigkeit füreinander Bestimmten sind. Ebenso gut können sie derselben Seelenfamilie entstammen, was ihre Harmonie erklären würde, und somit könnten sie auch Seelenpartner oder Seelengefährten sein. Vielleicht sind es aber auch Wesenheiten, deren menschliche Entwicklung einen ähnlichen Verlauf genommen hat, sodass das Gesetz »Gleiches wird nur von Gleichem erkannt« zur Auswirkung kommt.

Nun kann es aber auch sein, dass eine Partnerschaftsanalyse äußerst unbefriedigend ausfallen mag, wenn Interessenverschiedenheiten deutlich werden, wenn Konflikte und persönliche Spannungen in einem Horoskop aufleuchten und scheinbar konträre Kräfte von beiden Partnern ausgehen. Dennoch können diese zwei Menschen in Wahrheit Dualseelen sein. Wie können wir einen solchen Umstand plausibel begründen? Sehr wahrscheinlich ist die erforderliche Reife für ein gegenseitiges Erkennen noch nicht erreicht und die Gesetzmäßigkeit des Ausgleichs ist noch in vollem Gange. In einer so gelagerten Angelegenheit wird es in den wenigsten Fällen gelingen, dass sich die beiden Menschen in dieser Inkarnation als zusammengehörige Seelen erfahren können. Aber je weiter beide unabhängig voneinander ihre Entwicklung weitertreiben und Mängel in der Persönlichkeit beheben, werden mit der Zeit alle Ungleichheiten aufgehoben und der Prozess des »Immer-ähnlicher-Werdens« beschleunigt.

Über den Weg der Astrologie lässt sich die jeweilige Dualseele nicht finden; denn sie kann uns keinesfalls eine Garantie ausstellen, dass es sich bei einer Partnerschaftsanalyse, auch wenn sie sehr positiv ausfällt, tatsächlich um unsere wahre Seelenergänzung handelt. Die Anwendung der Astrologie kann uns im besten Fall dazu dienen, Aufschluss über einen passenden Erdengefährten zu liefern, solange wir Rat und Hilfe von außen suchen.

Die Kriterien, anhand derer wir unsere Dualseele erkennen und finden können, richten sich nicht nach irdischen Maßstäben. Die Bestimmung unserer zweiten Seelenhälfte liegt nicht darin, uns ein idealer irdischer Gefährte oder Lebenspartner zu sein – sie ist die wahre Ergänzung unseres Wesens, das himmlischen Ursprungs ist! Somit müssen wir auch in geistigen Reichen Ausschau nach ihr halten, die sich in Wahrheit im Inneren des Herzens befindet.

Wenn die Zeit erfüllt ist und die zwei füreinander bestimmten Wesen sich in der Außenwelt begegnen, werden und müssen sie sich unweigerlich erkennen. In ihren Herzen fühlen sie mit einer absoluten Gewissheit, dass die zweite Seelenhälfte ihnen leibhaftig gegenübersteht. Wenn ihre Augenpaare sich treffen und ineinander verlieren, ist es bereits geschehen, dass einer sich im anderen wieder erkannt hat. Sie bedürfen keiner von außen kommenden Bestätigung mehr – sie wissen es! Mit einer absoluten Sicherheit erkennt der Mensch, dass jenes ihm gegenüberstehende Wesen die einzig wahre und mögliche Ergänzung der eigenen Seele ist. Dieses Erfassen spielt sich in Bruchteilen einer Sekunde im Inneren ab. Dieser Augenblick des unmittelbaren Wiedererkennens ist der einzig mögliche Beweis, die Dualseele wiedergefunden zu haben.

Zu allen anderen Zeiten aber, da wir vermuten, jedoch nicht wissen, es könnte sich vielleicht bei einem gewissen Menschen um die Dualseele handeln, können wir davon ausgehen, dass dieser entweder gar nicht unsere Dualseele ist oder aber die Voraussetzung für ein beiderseitiges Wiedererkennen noch nicht gegeben ist. Das Wissen, dass wir unsere Dualseele erkennen, wenn die Zeit dafür gekommen ist, sollte uns genügen. Es ist immerdar ein Zeichen der Unreife, wenn wir in äußerer Geschäftigkeit nach ihr suchen. Solange wir nach Wegen und Techniken Ausschau halten und nach Methoden in der Welt suchen, die uns scheinbar ein Erkennen der Dualseele ermöglichen könnten, sind wir vom Ziel noch ein beträchtliches Stück entfernt. Wir gleichen dann unmündigen Kindern, welche ihr göttliches Erbe noch nicht anzuerkennen vermögen. Wir lassen uns von äußeren Mächten versklaven, die uns unserer Freiheit der Selbstbestimmung berauben. So geraten wir in Abhängigkeiten, die uns gefangen halten, und kommen dann von dem für uns bestimmten Lebensweg ab. In dem Erkennen, dass alle Macht und alles, was wir benötigen, inwendig in uns liegt, erbauen wir uns die Freiheit, die uns alles gibt, was wir ersehnen. *»Erkenne die Wahrheit und sie wird dich frei machen!«* Niemals aber werden wir jene Freiheit mit den begrenzten Mitteln der Astrologie oder anderen »esoterischen« Praktiken der heutigen Zeit erfahren können. Werden wir uns endlich unserer wahren Größe bewusst und erwachen wir zu dem Bewusstsein, dass es nichts gibt, das uns nicht möglich wäre. Werden wir selbstbewusst!

Nichts und niemand kann einem Menschen den Prozess der Erkenntnis abnehmen oder gar seine Probleme für ihn lösen.

Wollen wir unsere Dualseele wieder finden, müssen wir damit beginnen, sie in uns selbst zu finden; sie ist ein Teil von uns, der uns ergänzende Aspekt unseres eigenen Wesens, daher kann sie nicht außerhalb von uns gefunden werden, und kein anderer als wir selbst sind imstande, sie als unsere zweite Hälfte zu erkennen. Wann immer wir Rat bei anderen Menschen suchen, geschehe dies durch Kartenlegen, durch Handlesen, durch einen Blick in die Zukunft mittels so genannter Hellseher, durch die Berechnung und Analyse persönlicher Daten oder über das Studium der Konstellation der Planeten, schenken wir einer Macht außerhalb von uns größeres Vertrauen als unserem eigenen Gottesfunken.

Eine überwiegende Mehrheit derer, die solche Dienste den Menschen anbieten, wie Hellseher, Handleser, Numerologen und Astrologen, sind oft wirklich mit außersinnlichen Fähigkeiten begabt und sehr sensitiv. Da aber jeder Mensch, solange er einen menschlichen Körper bewohnt, Irrtümern und Täuschungen unterlegen und vor Trugschlüssen nicht gefeit ist, tun wir gut daran, niemandem blindlings zu vertrauen und uns felsenfest auf ihn zu verlassen. Allein eine Seele, die ihr Menschsein auf Erden abgeschlossen hat und in einer höheren Geistessphäre auferstanden ist, ist frei von Täuschungen geworden. Zu diesen aufgestiegenen Meistern sollten wir Kontakt suchen und eine Kommunikation aufbauen, da sie allein es vermögen, uns die ungetrübte Wahrheit zukommen zu lassen. Ihre Gegenwart ist identisch mit der »göttlichen Gegenwart«.

Die Meister erkennen die Dualseele und wissen, ob und wann ein Zusammentreffen vorgesehen ist. Daher dürfen wir uns in Zuversicht fassen und ihnen beruhigt vertrauen; denn falls eine Verbindung mit unserer Dualseele für diese Inkarnation bestimmt ist, werden diese hohen Wesen alles daransetzen, uns mit ihr zusammenzuführen. Jeder andere Weg der Suche oder ein willentliches Erzwingenwollen wird immer unbefriedigend ausfallen.

Nachdem wir uns damit befasst haben, wie ein Suchen und Finden der Dualseele nicht gelingen kann, wenden wir uns den Wegen und Möglichkeiten zu, die Erfolg versprechen, um ihr näher zu kommen und letztendlich eine dauernde Verbindung mit ihr herzustellen.

14.

Wege zum wahren Seelenpartner

Frei zu werden oder frei zu sein für den wahren Seelenpartner bedeutet zugleich, auch offen für ihn zu sein.
Offen und frei sein können wir aber nur, wenn wir auch
einen Platz für ihn freihalten, einen Platz in unserem
Herzen, den kein anderer einnehmen kann. Einen Raum,
der nicht besetzt ist mit voreingenommenen Denkinhalten
und persönlich gefärbten Vorstellungen von unserer zweiten Seelenhälfte. Dieser Freiraum ist vergleichbar mit
einer Leere, in der bereits alles enthalten ist. Die Leere, der
Raum, den wir derart geschaffen haben, wird sich, sofern
wir nichts anderes in ihn ablagern, zu füllen beginnen mit
den Wesenszügen und der bildhaften Form unserer Dualseele. Dieser Raum sollte zu unserem inneren Heiligtum
werden, das unserer zweiten Seelenhälfte geweiht ist. Wir
haben ihn zu schützen und zu verteidigen, indem wir
nicht zulassen, dass von außen kommende Störungen in
diesen geheiligten Bereich eindringen.

Dies alles vollzieht sich auf einer inneren Ebene und ist
für außen stehende Menschen weder sichtbar noch nach-
vollziehbar. Dieses schöpferische Handeln sollte auch unser
geheiligtes Geheimnis bleiben, das wir weder mit anderen
diskutieren noch ihnen anvertrauen sollten. So kann sich
die Kraft der Erfüllung am besten entfalten. Dies ist der
erste Schritt, der im Inneren getan werden muss. Ein Frei-
werden für den wahren Seelenpartner hat sich jedoch
auch in unserer äußeren Lebensgestaltung abzuzeichnen.

Wir haben also anerkannt, dass der wahre Seelenpartner, die absolute Ergänzung unseres Wesens, wirklich exis-

tiert. Mit diesem Wissen suchen wir verstärkt nach unserer Dualseele und beginnen sie zu erwarten, so als ob uns ein hoher Besuch ins Haus stehen würde. Was tun wir, wenn wir hohe Gäste erwarten? Wir reinigen und säubern unser Zuhause und befreien es von unbrauchbar Gewordenem. Denselben Vorgang der Säuberung haben wir auch im Haus unserer Seele zu tätigen, indem wir sie von Schlacken der Vergangenheit, in Form von uns nicht mehr entsprechenden Gefühlen und Gedankenhaltungen, erlösen. Die Praxis des Verzeihens bietet uns eine sehr effektvolle Methode, einen freien, sauberen Raum für die zweite Seelenhälfte zu sichern.

SICH SELBST UND ANDEREN VERZEIHEN

Das Verzeihen wird uns frei machen und die eingeschränkte Kraft der Anziehung von Störfaktoren und hemmenden Beeinträchtigungen befreien. Wenn wir unsere Energie dazu verwenden, uns gedanklich und gefühlsmäßig an Menschen zu binden, die uns verletzt, gekränkt oder enttäuscht haben, verschlingt dies ein beträchtliches Potenzial, das uns im Finden unserer Dualseele abgeht. Einerlei, was uns ein Partner oder ein anderer uns nahe stehender Mensch angetan hat, wir kommen nicht daran vorbei, ihm restlos zu vergeben und zu verzeihen, wenn wir unser Seelenwachstum fördern möchten und in die Nähe unseres Duals gelangen wollen.

Ich weiß, wie schwer es oft ist, mit einer uns zugefügten groben Verletzung umzugehen, sie zu verarbeiten und die Großzügigkeit in uns heranzubilden, ohne Vorbehalte zu verzeihen. Wir können dies aber üben, und wenn wir es aufrichtig wünschen, wird es uns auch gelingen. Die Wirkung setzt mit dem wiederholten Aussenden von Gedanken des Verzeihenwollens ein. Bis schließlich einmal der

Punkt erreicht ist, an dem es nicht mehr schmerzt, wenn wir an das uns angetane Unrecht denken. Wenn wir keinerlei Stacheln mehr empfinden, keinen Groll mehr gegen den verursachenden Menschen hegen, wenn er uns in den Sinn kommt, ist uns das Verzeihen gelungen. Wenn es gänzlich aus unserem Gemüt gestrichen ist und wir uns dessen nicht mehr erinnern, ist die Negativlast endgültig aus der Welt geschaffen.

Aber auch uns selbst zu verzeihen, setzt uns in eine Freiheit, die das Gewahrwerden der Dualseele erleichtert. Sich selbst nicht verzeihen zu können, kommt einer Selbstbestrafung gleich. Wir werden mit unserem Verhalten und unseren Taten der Vergangenheit nicht fertig, weil wir vielleicht später zu der Einsicht kamen, dass sie nicht recht waren. Wir können uns nicht verzeihen, was wir getan haben, dass wir so und nicht anders reagiert und gehandelt haben. Wir wissen jedoch, dass wir uns mit einer derartigen Haltung selbst beschneiden, uns schlechter hinstellen, als wir in Wahrheit sind. Schon die Tatsache, dass wir heute anders über eine Sache denken, zeigt uns, dass wir aus den Fehlern der Vergangenheit gelernt haben und ein anderer, ein weiserer, einsichtsvollerer und wissenderer Mensch geworden sind. Es wäre schändlich, uns nicht selbst zu vergeben. – Tun wir es doch! Wir haben schließlich ein Ziel, für welches es sich lohnt, keine Mühen zu scheuen.

SICH SELBER LIEBEN

Die Eigenliebe steht in einem engen Zusammenhang mit dem »Sich-selbst-Verzeihen«. Dieses kann schneller und leichter vollzogen werden, wenn wir gelernt haben, uns selbst zu lieben. Aber das »Sich-selber-Lieben« ist noch aus einem anderen Grund sehr bedeutsam für uns. Unser Seelenpartner nämlich hat keine Chance, wenn wir uns selbst abschätzig behandeln und ansehen. Machen wir uns kleiner, als wir sind, und identifizieren wir uns mit dem weniger glanzvollen Bild, das wir uns von uns machen, aktivieren wir das Gleichheitsgesetz in einer Qualität, die uns vom Innersten heraus gar nicht entspricht, und ziehen dadurch Partner an, die diesem herabgeminderten Abbild unseres Selbst gerecht werden. Wir entfernen uns so weiter von der Dualseele und werden immer unzufriedener und unglücklicher, weil Menschen und Zustände sich in unserer Welt zeigen, die unserem wahren Wesen oder Kern eigentlich fremd sind und uns nicht das geben können, was wir so sehr ersehnen. Wir laufen Gefahr, unser Leben in eine Richtung zu lenken, in welcher der Lebensauftrag nicht mehr erfüllt werden kann, wo wir die Bedürfnisse unserer Seele nicht mehr stillen können – und dadurch dörren wir aus und verkümmern. Das kann unmöglich der wahre Weg sein! Weder in einer übersteigerten Selbsteinschätzung noch in einer Form der Selbsterniedrigung finden wir die Lösung, sondern allein in einem gesunden, richtig aufgebauten Selbstbewusstsein. Bringen wir die Geduld auf, uns anzunehmen und so zu lieben, wie wir zum gegenwärtigen Zeitpunkt sind, auch wenn wir Schwächen oder auszumerzende Charaktermängel an uns festgestellt haben. Allein der Umstand, dass Mängel und Schwächen des Charakters uns bewusst geworden sind, als wir sie erkannt haben, ist ein Merkmal, dass ein Auflösungsvorgang ausgelöst wird. Selbstverständlich ist es unrichtig, keine Anstrengungen zu unternehmen, Schattenflecke unseres Charakters aufzulösen und zu entfernen, sondern sie stattdessen hinzunehmen und zu dulden und die Haltung einzunehmen: »Ich lerne, mit meinen Fehlern zu leben!« Natürlich sollen wir die Lektion der Umwandlung, der Transformation ins Licht bewältigen lernen. Aber gerade deswegen haben wir Grund, uns zu lieben, weil wir Negatives angenommen haben und nun daran arbeiten, es zu eliminieren, es unschädlich zu machen. Dieser in uns lebendig gewordene Denkinhalt hat eine eigentümliche Schwingungsfrequenz, und diese wirkt anziehend auf Menschen, die uns vielleicht dabei helfen können. Dies gewährleistet, dass wir die richtigen Personen anlocken, solche, die unseren Wachstums- und Erkenntnisprozess in Schwung bringen. Dieser ist zudem für uns vorgesehen, um sogar die zweite Seelenhälfte herbeizuziehen, wenn unser Seelenlicht danach verlangt.

Da die Dualseele unsere vollkommene Ergänzungshälfte, unser zweites ICH ist, entziehen wir auch ihr die Liebe, wenn wir uns nicht selbst lieben. Ist sie doch ein Teil unseres Selbst. Lieben wir uns vorbehaltlos, sind wir gut zu uns, achten und respektieren wir uns selbst, handeln wir gleichermaßen auch für unser Dual.

DAS PROGRAMMIEREN POSITIVER LEITSÄTZE

Ihre Anwendung kann uns wirksam darin unterstützen, selbst gesteckte Ziele zu erreichen. Dabei handelt es sich darum, die Kunst des Verzeihens zu erlernen, die Übung, sich selbst zu lieben, in die Tat umzusetzen, oder ganz allgemein darum, unserer Dualseele näher zu kommen.

Indem wir ausschließlich die erbaulichen Inhalte betonen, entziehen wir negativen Kräften automatisch ihren Lebensstoff, sodass diese verkümmern und wie von Zauberhand berührt zu schwinden und zu verschwinden beginnen. Programmieren wir unser Denken und Fühlen mit positiven Leitsätzen und werfen alle uns zur Verfügung stehende Konzentration in sie hinein, wirken wir schöpferisch. So können wir unser Leben in jede von uns gewünschte Richtung lenken und haben Einfluss auf seine

Gestaltung. Gedanken stellen reale Kräfte dar und mittels unserer Aufmerksamkeit holen wir all jenes in unsere Welt, worauf wir sie richten. Womit wir uns am meisten beschäftigen, worüber wir nachsinnen, was wir ansehen, wovon wir uns berühren lassen, verstärken wir und verankern es in unserem Leben. Durch gezielte Konzentration halten wir ein machtvolles Instrument in Händen, das uns erlaubt, unser Leben so zu formen, wie wir es haben möchten. Wir können diese Methode in jedem Lebensbereich zum Einsatz bringen, der einer Verwandlung bedarf. Was wir zu tun haben, ist, die entsprechenden Worte kurz, klar, bündig und übersichtlich zu prägen und – wann immer wir ein Bedürfnis dazu verspüren, Lust, Muße und Zeit haben – sie zu wiederholen und ihren Inhalt tief zu empfinden. Wir können die von uns geprägten positiven Leitsätze schweigend in Gedanken wiederholen, sie laut, in ausgesprochenen Worten, erklären, oder wir legen sie schriftlich nieder und lesen sie durch, wann immer sich eine Gelegenheit dazu bietet. Der entscheidende Faktor liegt nur darin, dass unser Leitsatz vom Verstand akzeptiert und bekräftigt und sein Inhalt so empfunden wird, als wäre er schon in die Realität umgesetzt.

Für jene, die sich keine genaue Vorstellung davon machen können, wie solch ein positiver Leitsatzgedanke aussehen sollte, seien hier einige Beispiele angeführt.

- »ICH werde jetzt den richtigen, mir entsprechenden Lebenspartner anziehen!«

- »ICH bin bereit, offen und frei, dem für mich bestimmten Menschen zu begegnen!«

- »Wann immer ICH an meine Dualseele denke, fühlt sie das und wird mir eine Antwort ins Herz legen!«

- »ICH habe die Fähigkeit, mit meiner zweiten Seelen-hälfte in Kontakt zu treten und mit ihr zu kommunizie-ren, und ich mache jetzt Gebrauch von dieser Fähig-keit!«

- »Mein göttliches Selbst weiß, wo sich meine Dualseele aufhält, und sie wird mich zu ihr führen! ICH verlasse mich voll und ganz auf ihre Allwissenheit!«

So könnten positive Leitsätze formuliert werden. Jeder aber kann und soll sich jene Worte auswählen, die seiner inneren Haltung und seinem Wunsch entsprechen. Er muss sich wohl mit ihnen fühlen, und niemals darf so etwas wie ein Gefühl aufkeimen oder entstehen, als sagte er die Unwahrheit.

Allerdings gilt es einen herausragenden Punkt zu berücksichtigen! Unser Wünschen muss ethisch einwand-frei sein und darf kein anderes menschliches Wesen schä-digen. Wenn ein reines Herzensbedürfnis damit gedeckt und ein tief schürfendes Verlangen gestillt wird, haben wir den rechten Leitsatz geformt.

Wir haben nicht das Recht, Frauen wie Männern den Partner wegzunehmen, auch wenn wir vermeinen, in ihm unsere Dualseele entdeckt zu haben. Verhält es sich tatsächlich so, wird die göttliche Weisheit einen Weg suchen, um sie mit uns zu vereinen, wenn wir dafür be-reit sind. Was uns aber nicht hindern kann, die Liebe aus unseren Herzen zu senden. »Wahre Liebe findet immer einen Weg!« Dieser Satz stellt eine absolute Wahrheit dar, und wenn sie nicht von niederen Beweggründen durch-kreuzt wird, wird sie sich auch zu gegebener Zeit ver-wirklichen.

Ein weiterer Faktor ist noch erwähnenswert. Die inne-re Kraft im positiven Denken ist eine neutrale, unpersön-liche Energie, die in dem Augenblick zu wirken beginnt, da sie ausgeschickt ist. Sie kann uns nicht sagen, ob wir richtig oder falsch handeln; sie wirkt einfach, reagiert ohne abzuwägen, entsprechend unserer vorherrschenden Gedanken. Nun kann es aber sein, dass wir etwas unbedingt erreichen möchten, etwas hemmungslos anstreben, was möglicherweise mit unserem Lebensplan beziehungsweise Lebensauftrag gar nicht im Einklang steht, weil der vom Verstand geführte Wille die Weisheit des Herzens weder sehen kann noch auf sie zu hören fähig ist. Vielleicht sind wir nicht davon abzubringen und bilden uns felsenfest ein, einen Lebensgefährten finden und haben zu müssen. Wir neigen dazu, zu übersehen, dass vielleicht gerade der Umstand, ohne einen Partner auskommen zu müssen, gottgewollt ist und einem bestimmten Zweck dient. Vielleicht haben wir Fertigkeiten und Charakterzüge in uns zu entwickeln und ein partnerschaftliches Leben wäre nicht förderlich, diese auszubilden, und könnte uns im Ausführen dieses speziellen Lebensauftrags ablenken oder davon abbringen. Gemäß einer solchen Sachlage wäre es bestimmt verkehrt, ein partnerschaftliches Zusammensein um jeden Preis erzwingen zu wollen. Daher haben wir schon sehr aufmerksam in uns hineinzuhören, um zu erkennen, woher ein Verlangen kommt und ob es tatsächlich gut für uns ist, diesem nachzugeben. Wir könnten womöglich durch nicht angebrachtes Wollen und Wünschen uns um so manche Frucht bringende Lektion bringen, die unser Wachstum erheblich verlängert, anstatt es abzukürzen. Deshalb sei nochmals darauf hingewiesen, welch unschätzbaren Wert ein ernsthaftes, aufrichtiges Hinterfragen der Motivation unseres Wollens darstellt. Die Entscheidung jedoch liegt allezeit bei uns. Wir bestimmen, ob wir lieber vorwärts gehen oder auf der Stelle treten möchten.

VERTRAUEN UND ABWARTEN

Freudige Erwartung strahlt eine Energie ab, die magnetisch wirkt und alle guten Dinge anzieht. Unser Wünschen wird lebendig und fängt an, sich in der Materie zu verdichten, wenn wir an seiner Realisierung nicht zweifeln und mit einer Unerschütterlichkeit erwarten, dass es sich gestaltet. Im freudigen Erwarten sind alle entgegengerichteten Kräfte ausgeschaltet. Unsere Aufmerksamkeit ruht unverrückbar bei der Erfüllung einer bestimmten Sache. Unsicherheiten, Ängste, fehlender Glaube, Zweifel, die zumeist verantwortlich zu machen sind, wenn die Umsetzung eines Plans fehlschlägt oder hinausgezögert wird, sind in einer positiven Erwartungshaltung ausgeschlossen und können somit nicht in Aktion treten. Ohne Beeinträchtigung kann sich die Energie, die durch unerschütterliches Erwarten produziert wird, in die Gestaltung einer gewünschten Sache ergießen und ihr Form verleihen. Diese Haltung ist einzunehmen oder zu erlernen, wenn wir einen Herzenswunsch in der Welt erfüllt sehen möchten. Erwarten wir ohne Wenn und Aber, unserer Dualseele zu begegnen, wird und muss es so kommen!

Dass wir ihr bis heute in der Welt nicht wieder begegnet sind, liegt hauptsächlich darin begründet, weil wir dieses Vorhaben zu sehr komplizieren, es für zu schwierig erachten und im Innersten wohl gewisse Zweifel und Bedenken hegen, ob es denn tatsächlich möglich ist. Zweifel an ihrer Existenz entfernt uns von der Dualseele! Diffuse Ängste vor einem Wiederbegegnen entfernen uns ebenso von der Dualseele! Unsicherheiten in Bezug darauf, wie wir sie erkennen können, entfernt uns nicht minder von ihr! Allein das Vertrauen und Wissen, sie zu erkennen, wenn sie sich uns nähert, und das durch nichts zu erschütternde Erwarten, dass es geschieht, setzt den Prozess in Gang, der unsere Dualseele in unsere Gegenwart führt. Wenn wir mit Bestimmtheit eine Begegnung mit unserer Dualseele erwarten und uns weder von Personen noch von äußeren Umständen einschüchtern und verunsichern lassen, sammeln wir Lichtkräfte, die gleich einem Leuchtfeuer die Dunkelheit erhellen, welches schließlich unsere zweite Seelenhälfte in unsere Richtung leitet. Glaube, Hoffnung und Vertrauen bilden das dafür notwendige Fundament. Wie schwierig und verwoben unsere Lebenssituation auch beschaffen sein mag, sie sollte uns dennoch nicht hindern und beeinträchtigen zu erwarten, dass das Wunderbare geschieht – heute, morgen oder im nächsten Monat. Wir haben nichts anderes zu tun, als damit zu rechnen und unser Leben auf das Kommen dieses Augenblicks einzustellen. Alles andere wird für uns getan!

Aber begehen wir nicht den Fehler und setzen eine Frist fest, innerhalb welcher es geschehen soll. Erzwingen können wir nichts! Wir wären nur enttäuscht und entmutigt, wenn sich eine begehrte Sache nicht zu einer von uns gewünschten Zeit realisiert, und sehr schnell würde sich dann eine Resignation einstellen, die unserer vorwärts strebenden Erfüllungskraft die Energie entziehen könnte. Erwarten wir deshalb keinen bestimmten Zeitablauf, innerhalb dessen sich etwas gestalten soll, sondern versuchen wir, eine freudige, zuversichtliche und bejahende Stimmung aufrechtzuerhalten, die dann für alles Übrige von selbst sorgen wird. Wiegen wir uns in der Gewissheit, dass uns etwas Wunderbares bevorsteht. Nutzen wir die Zeit, um unserer Seele Haus zu säubern und rein zu halten, wird das gesamte Weltall mit und für uns arbeiten und uns früher oder später bringen, was wir zutiefst ersehnen.

Die innere Stimme spricht tagaus, tagein in unseren Herzen. In jeder Entscheidung, in jedem Geschehen und im Verarbeiten von Eindrücken können wir sie vernehmen. Entweder unterstützt sie uns in unserem Vorhaben und pflichtet uns bei oder aber sie warnt uns, indem sie einen eingeschlagenen Weg, einen erstrebten Plan nicht gutheißt. Stets will sie das Beste für uns, will uns die rechte Richtung weisen, kann jedoch nichts ausrichten, wenn wir uns weigern, ihrem weisen Rat zu folgen. Sie hat auf jedes Anliegen die rechte Antwort und Lösung parat, wenn wir jedoch die Autorität außen in der Welt suchen, ihr größeren Wert beimessen, haben wir Umwege, Enttäuschungen und widrige Lebenssituationen in Kauf zu nehmen.

In der Auswahl des für uns richtigen Lebenspartners kann sie uns mit ihrem weisen Rat unterstützen. Sie kann uns vor eventuell unglücklich verlaufenden Partnerschaften bewahren, wenn wir die Stärke aufbringen, auf sie zu hören. Viele Menschen haben die Erfahrung gemacht, dass die innere Stimme ihre Zweifel angemeldet hat bezüglich einer Verbindung mit einem Partner oder Freund. Weil aber scheinbar viele äußere Anzeichen für einen Zusammenschluss sprachen, wurde ihr zu wenig Aufmerksamkeit geschenkt und dem Verstand, der unentwegt plausible Begründungen, um nicht Ausreden zu sagen, produziert, größeren Glauben geschenkt. Zumeist gewaltsam, haben wir dann die innere Stimme zum Schweigen gebracht, sie für eingebildet und nichtig erklärt und die voraussichtlichen Vorzüge einer künftigen Partnerschaft überbetont und herausgestrichen. Das böse Erwachen, die unglückselige Überraschung ließ meist nicht lange auf sich warten, und resigniert gaben wir dann kleinlaut zu: »Eigentlich hab ich's ja gewusst, dass

das nicht gut gehen wird!« Und alle Bedenken, alle ange-
meldeten Zweifel ziehen im Parademarsch dröhnend in
unser Gemüt ein und verursachen einen plagenden
Schmerz, weil wir Symptome behandelt haben, anstatt
die Ursache zu ergründen.

Viele in die Brüche gegangene Partnerschaften, viele
von Leid zerfressene Beziehungen, unzählbare zugrunde
gerichtete Ehen hätten vermieden und geschundene
Gefühle so wie Seelenverletzungen erspart bleiben können, wenn wir es gelernt hätten, auf die es mit uns gut
meinende und uns liebende innere Stimme zu hören und
ihr zu gehorchen. Sie weiß, wo und wie wir den wahren
Partner finden können. Schenken wir ihr deshalb mehr
Vertrauen – sie wird uns nicht im Stich lassen! Verbauen
wir uns nicht länger mit vorübergehenden Beziehungen den Sonnenweg unserer wahren Seelenergänzung –
unserer Dualseele. Geben wir uns nicht mit einem Ersatz
zufrieden, wenn das Original für uns Wirklichkeit sein
kann.

Solange die Verbindung zu unserer höheren Führung,
die durch die innere Stimme zu uns spricht, nicht unter-
brochen wird durch Störungen des Egos, können wir ge-
trost darauf vertrauen, zur rechten Zeit an unsere Bestimmung geführt zu werden.

Sind wir dem einzig möglichen, dem wahren Partner
begegnet, wird es überflüssig, Rücksprache mit unserer
inneren Stimme zu halten. Denn sie wird dann nicht mehr
zu uns sprechen, sondern ihre Stimme zum Gesang des
Hohelieds der Liebe anheben.

WÜNSCHE NICHT UNTERDRÜCKEN

Wenn wir etwas nicht wünschen, kann es nicht Wirklichkeit werden! Der stille Wunsch, im Inneren gehegt und

gepflegt, der Dualseele zu begegnen, zieht sie herbei. Unverzüglich oder mit längerer Wartezeit wird sie kommen, je nach der Innigkeit und Intensität, die unseren Wunsch belebt. Eine Wahrheit besagt: »Wenn Wünsche nicht mehr zu ertragen sind, dann werden sie wahr!« Vielleicht ist dies eine der Ursachen, mit unserer Dualseele nicht wieder vereint zu sein, weil wir dies zu wenig wünschen – nicht von Herzen begehren! Wollen, so denke ich, tun wir das alle, doch sind wir auch bereit, ausdauernd, konsequent und diszipliniert daran zu arbeiten?

Wenn nun in einigen Lesern das ehrliche Verlangen erwacht ist, die Wunschkraft, der zweiten Seelenhälfte näher zu kommen, zu verstärken und ihr zur Durchsetzung zu verhelfen, kann folgende viel versprechende Anregung gegeben werden, die sich aus drei Schritten aufbaut.

SCHRITT EINS:
Schriftliche Niederlegung unseres Wunsches

Machen wir ein Dokument aus unserem Wunsch. Wählen wir die richtigen Worte, kurz, bündig und klar, aus, die unseren Wunsch unverzerrt zum Ausdruck bringen. Indem wir den Wunsch, der in Gedanken und Gefühlen in uns vorherrscht, zu Papier bringen, machen wir ihn schon stofflicher. Wir haben etwas Materielles in Händen, das angefasst, gehalten und angesehen werden kann. Somit haben wir den Wunsch schon verdichtet, wir haben ihn auf die Erdebene gezogen und ihn dadurch für uns wirklicher gemacht. Außerdem haben wir wirksame Energie aufgeschichtet, durch die Empfindungen während des Schreibens, die nun auf das Papier übertragen wurden und ihm anhaften.

Ständiges Wiederbeleben des Wunschinhalts

Wann immer wir nun das Blatt Papier, auf dem unser Wunsch festgehalten ist, in die Hand nehmen, sind wir mit der Energiequalität, die auf ihm konserviert wurde, augenblicklich verbunden. Sooft wir ein Bedürfnis dazu verspüren und uns Zeit, in der wir nicht gestört werden können, zur Verfügung steht, können wir unsere Wunschdokumentation durchlesen oder sie in Gedanken verinnerlichen. Jedes Mal, da wir dies tun, wächst die Erfüllungskraft, bis sie einmal ein Volumen erreicht hat, an dem sie zu wirken beginnt. Zu Zeiten, in denen wir uns erschöpft fühlen, unkonzentriert sind und nicht jenen empfänglichen Bewusstseinszustand erzeugen können, ist es ratsam, auf ein Wunschbeleben zu verzichten, da in einem derartigen Zustand ohnehin nichts bewegt und erreicht werden kann. Wir müssen ganz bei der Sache sein, wenn wir unseren Wunsch im Geiste schauen, und dieses Üben sollte uns Freude bereiten, sollte mühelos, ohne geistigen Zwang und gewaltsame Anstrengung geschehen. Wir haben eine geistige Haltung einzunehmen und Gefühle zu empfinden, als wäre unser Wunsch schon Wirklichkeit. Je authentischer wir die Realität unseres Wunsches zu erleben fähig sind, umso wirklicher machen wir ihn in der Materie. Wenn das Wissen, dass jeder Wunsch schon Realität ist, noch ehe er im Stoff verdichtet wird, umfassend unser Denken und Fühlen beseelt, wird es uns gelingen, scheinbar unüberbrückbare Hindernisse und Widerstände auszuschalten.

Sprechen wir mit niemandem über unsere Übung, einen bestimmten Wunsch zu verwirklichen, so verhindern wir im Vorhinein, dass eine störende, entgegengerichtete Kraft unser Wünschen aufheben oder beeinträchtigen könnte.

Tausend und noch mehr Wünsche wären heute schon erfüllt, wenn wir Menschen nicht immer wieder den Fehler gemacht hätten, sie anderen anzuvertrauen und mit ihnen zu besprechen wie auch im Inneren an einer Realisierung zu zweifeln.

Stellen wir uns unseren Wunsch in jeder Einzelheit als verwirklicht vor und versuchen wir, jene Glücksgefühle in uns aufsteigen zu lassen, die wir erleben würden, wenn er erfüllt wäre. Dadurch treiben wir den Wunsch in die Wirklichkeit (Stofflichkeit – denn wirklich ist er auch schon vorher!) hinein und erteilen unbewusst den Befehl, eine materielle Gestalt anzunehmen. Verlieren wir nicht den Mut und Glauben, dass er sich gestalten wird, selbst dann, wenn wir schon einige Zeit übten und nichts geschehen ist.

Es gibt nämlich noch eine Ursache, weshalb Wünsche nicht wahr werden können – wenn wir voller Zuversicht an einer Wunscherfüllung arbeiteten und sich das erhoffte Resultat nicht augenblicklich oder in nächster Zeit eingestellt hat und wir zu früh aufgaben.

Vielleicht hätte uns nur noch ein winziges Quäntchen gefehlt, im Sammeln der erforderlichen Stoßkraft. Weil sich äußerlich jedoch keine Bewegung abgezeichnet hat, haben wir resigniert unser Vorhaben vorschnell abgebrochen und unser Vertrauen in die Fähigkeit, Wünsche Wirklichkeit werden zu lassen, verloren. Also dürfen wir es nicht zulassen, dass uns das Vertrauen und der Glaube an die eigene Fähigkeit, dies tun zu können, jemals abhanden kommt! Sehen wir ein, dass manche Dinge eben ihre Zeit benötigen, um in der materiellen Welt auferstehen zu können; aber zweifeln wir nicht daran, dass es nicht möglich ist. Dadurch würden wir uns der wunderbarsten Dinge berauben, die auf uns warten und uns zugedacht sind.

SCHRITT DREI:
Gesammelte Wunschkraft wirken lassen

Wir haben nun alles getan, was erforderlich ist. Die Gebote der Schritte eins und zwei konnten wir zufrieden stellend annehmen und anwenden. Es gibt nun nichts mehr, was wir dem noch hinzufügen könnten. Wir dürfen uns bildlich gesprochen zur Ruhe setzen, da nun die Energie in Aktion tritt, die wir aufgebaut und gesammelt haben. Aber dennoch haben oder können wir etwas tun, um die Erfüllungskraft zu fördern – wir können ihr Raum und Gelegenheit verschaffen, um sie ungestört ihre formende Energie ausströmen zu lassen. Bevor wir zu Bett gehen, ist es äußerst gewinnbringend, unseren Wunsch noch einmal fühlend zu schauen. Beleben wir ihn und halten wir ihn fest, bis der schwebende Zustand, kurz vor der Schwelle des Hinübergleitens, erreicht ist. Dann schaffen wir es, unseren Wunsch mit in den Schlaf zu nehmen, und hier erhält er die optimale Gelegenheit, uneingeschränkt seine Erfüllungskraft wirken zu lassen. Kein kritischer Verstand kann sich hier hindernd einmischen, und die Kraft der Erfüllung kann sich in der großen, heiligen Stille voll entfalten. Die gestaltende Kraft göttlicher Weisheit handelt nun gemäß ihrem Gesetz und ist schöpferisch tätig. Nicht länger ist es die äußere Person, die hier handelt, sondern das göttliche Selbst verrichtet das Werk. Dieses Wissen wollte uns schon Jesus Christus vor etwa zweitausend Jahren zukommen lassen, indem er sagte: »Nicht ich tue die Werke – es ist der Vater in mir, der sie vollbringt.« Damit meinte er, dass es nicht die äußere Person ist, welche Wunderleistungen vollbringen kann, sondern das göttliche Selbst in jedem Menschen.

Noch einen Bewusstseinszustand gibt es, der unser Wunschverwirklichen sehr fördern und mit vorwärts drängender Umsetzungskraft beleben kann. Es ist dies jede Art von Hochstimmung, Freude und Glücksgefühl. Fühlen wir uns beschwingt und gut gelaunt, sollten wir diese energiegeladene Atmosphäre sinnvoll ausschöpfen, indem wir unseren Wunsch bejahen, das Gebot, er möge sich jetzt erfüllen, ausschicken und ihn bereits verwirklicht mit unserem inneren Auge betrachten.

Befolgen wir dieses Dreiphasenprogramm der Wunschumsetzung in aller Konsequenz und ist unser Wunschinhalt redlich, sinnvoll und unserer Mühe wert, wird sich der gewünschte Erfolg zweifelsohne einstellen. Jeder kann und soll sich die Wahrheit hinter diesen Worten selbst beweisen. Einen anderen Weg gibt es nicht!

Eine göttliche Gesetzmäßigkeit besagt: »Alles, worum wir reinen Herzens bitten, wird uns gegeben.« Wenn wir denken, dies oder jenes stehe uns nicht zu, und daher nicht einmal den Wunsch danach zu hegen wagen, unterdrücken wir dadurch Sehnsüchte und erzeugen so automatisch Bedingungen, die sie nicht Wirklichkeit werden lassen können.

Erlauben, nähren und lassen wir den Wunsch in uns zu, unserer Dualseele näher zu kommen, sie zu erkennen und mit ihr wieder eine Einheit zu bilden. Seien wir uns bewusst, dass dieser Moment nicht kommen kann, wenn wir ihn nicht ersehnen, reinen Herzens wünschen und innigst erwarten.

15.

Die tägliche Praxis

Wir haben uns auf den Weg der Suche nach unserer zweiten Seelenhälfte gemacht und sind entschlossen, offenen Herzens diesen Weg zu beschreiten. Wir schauen nach vorn, und in uns herrscht das Bedürfnis vor, etwas zu tun, das unsere Reise zu einer fröhlichen und sinnvollen Unternehmung macht. Ein alter Zen-Spruch besagt: »*Der Weg ist das Ziel!*«

Es kann großen Auftrieb geben, zu sehen und zu fühlen, wie wir dem Ziel langsam entgegenwachsen, selbst wenn sich dieser Prozess vorerst auf einer unsichtbaren, feinstofflichen Ebene abzeichnet.

Sehr hilfreich und unterstützend kann es dabei sein, die Existenz unserer Dualseele so anzunehmen und in unser alltägliches Leben zu integrieren, als wäre sie bereits wieder mit uns vereint. So wird sie zu einem Bestandteil unseres Lebens. Beginnen unsere Gedanken abzuschweifen, wird unsere verdichtete Idee uns zurückholen und uns von ihrer Wirklichkeit überzeugen.

An dieser Stelle möchte ich eine kleine autobiografische Episode einfügen, um vielleicht auch andere Menschen dazu anzuregen, einen persönlichen Innenraum für ihre Dualseele zu gestalten.

Damit ich zu Zeiten, die weniger hell strahlen, an die liebende Gegenwart und reale Existenz meiner Dualseele erinnert werde, habe ich für sie eine Skulptur aufgestellt, die ich als Kunststudentin gefunden habe. In wunderbar schlichter und einfacher Weise bringt diese Skulptur Ursprung, Teilung und Wiedereinswerden der füreinander geschaffenen Seelen zum Ausdruck. Heute steht sie bei mir im Wohnzimmer an einem ausgesuchten Platz. Mein letztes Geld hatte ich für ihren Erwerb zusammengekratzt, jedoch ist ihr ideeller Wert mit Geld niemals zu bemessen. Der Künstler hatte offenbar Zugang zu einer feinstofflichen Realität oder er folgte einer göttlichen Inspiration. Vielleicht war er sich dessen gar nicht bewusst, jedoch hat er in vollendeter Form einer ewig gültigen Wahrheit Gestalt verliehen.

Um unsere Dualseele in unser Leben mit einzubeziehen, müssen wir nicht unbedingt eine Skulptur aufstellen, die uns stets an ihr Vorhandensein erinnert. Wir können uns innerlich führen lassen, unseren Ideen freien Lauf lassen und erkunden, welcher Gegenstand in uns eine Verbindung zu ihr hervorruft. Wir können ein Bild entdecken, das männliche und weibliche Energien zu einer Ganzheit verbindet. Wir können einen lyrischen Text ausfindig machen, der uns die Wirklichkeit unserer Dualseele fühlen lässt. Diesen können wir abschreiben und an eine besondere, ihr geweihte Stelle legen und zu Zeiten der Stille und Verinnerlichung lesen. Wir können eine Rose oder eine andere schöne Blume aussuchen und für sie aufstellen oder pflanzen. Wir können zwei Kerzen anzünden oder das bekannte chinesische »Yin-Yang-Symbol« auf unseren Schreibtisch stellen. Entscheidend ist nur, dass der ausgewählte Gegenstand oder das ausgesuchte Symbol unser Herz berührt und uns an die Dualseele erinnert.

Musik ist auch ein wunderbares Medium, um uns auf das Dasein und die spürbare Nähe der Dualseele einzustimmen. Bestimmte Tonträger erzählen klingend das Thema der Dualseelen und interpretieren akustisch jene unsterbliche Liebe, die zwischen ihnen webt. Musik ist eine

Sprache, die jeder versteht und die Menschen miteinander verbindet. Durch sie können Gedanken und Gefühle übermittelt werden, die weder verzerrt noch missinterpretiert werden können. Große Musik berührt widerstandslos das menschliche Herz, hüllt es in einen strahlenden Mantel. Sie vermag das Schönste, Erhabenste und Edelste im Menschen zu erwecken und hervorzukehren.

Welche Dienste kann uns große Musik im Wiederfinden unserer Dualseele leisten? Vielleicht lässt sich dies anhand eines persönlichen Erlebens anschaulicher darstellen. Ein gewisses Musikstück Mozarts ist mir besonders ans Herz gewachsen. Es ist dies das *Adagio* aus dem Klavierkonzert Nummer 21. Darin vermeine ich ein Kommunizieren zwischen den Dualen, das sich zu einem Höhepunkt – der Verschmelzung – steigert und ein sanftes Ausklingen dieses einmaligen Geschehens am Ende des Stücks zu erkennen. Diese engelhafte Tonschöpfung Mozarts führt uns hinein in andere Sphären, trägt uns über das Alltagsgeschehen hinaus und beruhigt augenblicklich die aufgewühlten Sinne.

Es muss nicht sein, dass Mozarts Adagio bei allen Menschen dieselben Seelenbilder hervorruft, aber seine perlende Reinheit wird wohl ein jeder empfinden. Sicher haben andere Menschen andere Tondichtungen entdeckt, die sie das reale Dasein ihrer Dualseele intensiver fühlen lassen – diese sind dann natürlich geeigneter. Jeder sollte sich von seinem Herzen leiten lassen und erspüren, welche Musikart seinen inneren Bedürfnissen entspricht.

Neben der Musik können auch *Düfte* eine Rolle spielen. Mancher hat im Laufe seines Lebens schon ein Aroma kennen gelernt, das ihn an die zweite Seelenhälfte erinnerte oder sogar ihre Gegenwart zu spüren erlaubte. Wenn dies nicht der Fall ist, lohnt es sich, einen Duft ausfindig zu machen, welchen man mit seiner Dualseele identifizieren kann. Ihre unverkennbare Duftnote, ihre ätherische Ausstrahlung ist in uns aufgezeichnet. Unter Umständen kann das Bild unserer Dualseele sichtbar werden, wenn ein ihrer Ausstrahlung verwandter Duftstoff von unserer Nase aufgesogen wird.

Auf dem Gebiet der Edelsteintherapie habe ich nur ein einziges Mal einen sehr speziellen Hinweis, eine direkte Information, die Dualseelen betreffend, erhalten. Es gibt einen Halbedelstein, der uns verspricht, unsere Dualseele wieder zu finden – den Azurit. Der Azurit ist von einer königsblauen Farbe und kommt in tiefblau glänzenden Kristallen, Steinbrocken oder kleinen Kugeln vor. Aufgrund seiner Farbe, die auch Schwingung ist, übt er Einfluss auf das sechste Energiezentrum des menschlichen Körpers aus, welches uns auch als Stirn-Chakra oder als »drittes Auge« bekannt ist. Das Vernehmen der inneren Stimme und geistiges Schauen wird vom sechsten Chakra gesteuert. Allgemein gesehen treibt der Azurit unsere spirituelle Weiterentwicklung voran, schlägt Brücken zur geistigen Welt und fördert eine Verbindung mit ihr. In seinem kugelförmigen Vorkommen erlaubt uns der Azurit, unsere Dualseele hier auf Erden zu finden. Schlägt man den Azurit nämlich in zwei gleiche Hälften auseinander, wird ein tiefblau glitzernder »Stern« aus Kristallen sichtbar. Er ist Sinnbild der *einen* untrennbaren Gottflamme, die einen Seelenzwilling, also zwei duale Seelenwesen, hervorbringt. In seiner zweigeteilten Form schlägt dennoch ein gemeinsames Herz, und wenn man die beiden Hälften zusammenfügt, ist es wieder ganz und vollkommen. Die ungeteilte Azuritkugel, wie sie in der Natur vorkommt, ist dem äußeren Anschein nach eher bescheiden. Man würde nie vermuten, dass ein funkelnder Kristallstern sein Zentrum bildet. Vergleichbar mit einem Geheimnis, das nur entdeckt werden kann, wenn die Kugelform aufgebrochen wird. Wir Menschen sind wohl, im übertragenen Sinn, alle derart halbierte Azuritkugeln, für die es jeweils nur eine einzige passende zweite Hälfte gibt.

Der Azurit zeigt uns, dass die fehlende zweite Hälfte, mit der wir wieder »*rund*«, also ganz werden und eine vollkommene Kugel, die Einheit, wiederherstellen können, für uns existiert. Sie kann uns stets ins Bewusstsein rufen, dass eine absolut ergänzende zweite Hälfte für uns da ist – eine, die es eben nur ein einziges Mal auf der ganzen Welt gibt.

16.

Dualseelen in Märchen und Opern

Der Dualseelengedanke zieht sich durch alle Zeitalter und Menschheitsepochen, auch wenn er sich manchmal im Dunkel des Unbewussten versteckt hat. Heute taucht er wieder vermehrt aus den Tiefen der Seele empor und entkleidet sich der bergenden Gewandung der Mythen und Märchenerzählungen. Märchen sind verschleierte Wahrheiten, welche universelle Weisheiten transportieren. Vermutlich waren ihre Urheber Wesenheiten aus geistigen Regionen, die dem Menschen auf diese Weise zum »Erkennen« anleiten wollten. Wir wissen, dass sie ursprünglich den Erwachsenen zugedacht waren, insbesondere jenen, die bereits eine über dem Durchschnitt entfaltete Spiritualität besaßen. Diese nämlich waren und sind in der Lage, zwischen den Zeilen zu lesen und die feinsinnigen Botschaften zu verstehen.

Im Märchen von *Hänsel und Gretel* kann die Reise der Dualseelen – der Zwillingsgeschwister in unterschiedlichen Geschlechtern – durch die Materie wunderbar nachvollzogen werden. Vereint und gemeinsam verliefen sie sich im Wald. Vereint, als zusammengehöriges Dualseelenpaar, waren sie im Himmel, der die geistige Welt repräsentiert. Der dunkle Wald steht für die schattenhafte Welt der Materie. Hänsel, der männliche Aspekt, und Gretel, der weibliche, lösten sich aus ihrer Geisteseinheit heraus, indem sie als Mann und Frau auf Erden inkarnierten. Sie wussten, dass sie einem himmlischen Heimatland entsprungen waren, und als Vorsorge, jederzeit in ihr himmlisches Ursprungsland zurückkehren zu können, streuten sie Brotkrümel entlang des beschrittenen Pfades – der Reise in die Materie. Somit hätten sie stets vereint ins Himmelsreich zurückgehen können. Womit sie jedoch nicht rechneten, war der Umstand, dass der Wunderglanz der Materie – das süß schmeckende Lebkuchenhaus der bösen Hexe – sie dermaßen in Bann ziehen würde, bis die Erinnerung an die himmlische Heimat allmählich in ihnen erlosch. Immer magischer wurden sie von den Verlockungen der grobstofflichen Erscheinungsebene gefangen genommen; und damit einhergehend wuchs auch die Gier in ihnen, alles, was sich hier bot, auszukosten. Ehe sie sich versahen, saßen sie auch schon getrennt voneinander hinter den Kerkerstäben der Hexe – dem Honig der Materie, der sie an sich klebte und nicht wieder hergeben wollte. Die Dualseelen hatten sich in der Welt aus den Augen verloren, ihre Wege in der Materie schieden sich nun voneinander. Jedoch vermochten sie es, sich weiterhin, trotz ihrer Trennung, miteinander zu unterhalten. So heckten sie einen Plan aus, wie sie die ihnen mittlerweile lästig gewordene Hexe überlisten könnten. Übersättigt der materiellen Genüsse, sehnten sie sich in ihr himmlisches Heimatland zurück, das sie in vereinter Freiheit einst gemeinsam bewohnten. Sie durchschauten den Trug der materiellen Verlockungen und erkannten die bittere Tatsache, dass ihre Verirrung in der Dichte der Materie sie voneinander entfernte. Die Unterhaltung oder Absprache zwischen Hänsel und Gretel, während sie getrennt voneinander in ihren Gefängnissen sitzen, ist vergleichbar mit der Kommunikation unseres Herzens mit der Dualseele. In der Welt haben wir sie aus den Augen verloren, doch auf seelisch-geistiger Ebene ist die Verbindung mit ihr noch bestehend. Wie wir dem Märchen auch entnehmen können, war es Hänsel und Gretel möglich, sich durch die Gefängnisstäbe zu ertasten – an den Händen. Sie konnten sich also fühlen und sehr eingeschränkt berühren, doch ansehen, dem anderen in die Augen blicken, konnten sie nicht mehr.

Bedingt durch die materielle Übersättigung wurde es Hänsel und Gretel zu eng in ihren Gefängnissen (der Materie). Sie mussten also etwas unternehmen, um ihre Freiheit wiederzuerlangen. Sie täuschten und überlisteten die Hexe (die Verführerin-Materie) und erlangten schließlich ihre Freiheit, in der sie wieder zusammen sein konnten. Als krönenden Abschluss verbrannten sie die Hexe und wurden mit Reichtum gesegnet, der synonym für den unermesslichen Wert geistiger Erkenntnis und Weisheit steht.

Diese Handlung steht symbolisch für den Sieg über die Materie und das Durchschauen ihrer Trugbilder. Hänsel und Gretel fanden durch dieses Erkennen letztendlich wieder zueinander.

Das Märchen vom *Froschkönig* zeigt uns einen anderen Blickwinkel der Dualseelenthematik. Hier haben wir es mit einem Dualseelenpaar zu tun, welches deutliche Unterschiede in ihrer inneren Entfaltung aufweist. Die Prinzessin, die Königstochter, verdient diese Bezeichnung als symbolhaften Namen, der für die Reinheit sowie den Adel ihrer Seele steht. Äußerlich wird dieses Merkmal herausgehoben und sichtbar gemacht durch die erlesene Kleidung, die eben nur einer Königstochter geziemt. Das Goldband, es kann auch ein Krönchen sein, erinnert entfernt an einen Heiligenschein, eine goldene Aura, und soll verdeutlichen, dass sie eine große Seele, also ein Wesen von höherer Entwicklung ist. Der Frosch, eine eher ungefällige Tiergestalt, ist ihre zweite Seelenhälfte, die sie natürlich in ihrer momentanen Verkleidung als solche nicht zu erkennen vermag. Dass sich die beiden fast das ganze Märchen über nicht als zugehörige Wesen erfassen können, liegt in der Ungleichheit ihrer seelischen Entwicklung begründet. Sie treffen das erste Mal zusammen, als die Prinzessin ihre goldene Kugel (Schicksalsfügung) beim Spiel im Brunnen verliert, den der Frosch bewohnt (seine selbst geschaffene Isolation). Der Frosch will die Kugel zurückgeben, aber dafür stellt er Bedingungen. Die Prinzessin ist beim Anblick des Frosches zutiefst erschrocken und ihr ekelt vor ihm, doch sie willigt ein. Obwohl die Abneigung der Prinzessin weiterhin besteht, tut es dem Frosch ausnehmend gut, von der schönen Prinzessin Aufmerksamkeit und Zuwendung zu bekommen. In einem letzten Anflug des Ekels wirft die Prinzessin den Frosch (das Trugbild Frosch) gegen die Wand, und es geschieht das wunderbare Phänomen, dass der hässliche Frosch sich in einen wunderschönen Prinzen verwandelt. (Die ihm entgegengebrachte Liebe ließ seine Hässlichkeit wegschmelzen.) Der Frosch war niemals etwas anderes als ein verzauberter Königssohn – ihre wahre Seelenergänzung. Im Märchen zeigte sich seine Seele eingeschlossen in der Gestalt des Frosches, um anschaulicher darzustellen, dass Lebensverfehlungen, falsches Handeln und verirrtes Denken den Leib verunstalten. Indem die Prinzessin ihr Versprechen, wenn auch vorerst widerwillig, einlöste, den Frosch an ihrem Leben teilnehmen zu lassen, sich ihm zuwandte und ihn anschaute, vermochte sich dieser aus der Gefangenschaft seiner »Tiernatur« zu befreien und in dieselbe Welt aufzusteigen, in der die Prinzessin beheimatet war. In dem Moment, da die Gleichheit wiederhergestellt war, waren beide imstande, sich als zusammengehörige Seelenwesen zu erkennen.

Ein weiteres Märchen, welches einen wesentlichen Kernpunkt der Dualseelenthematik berührt, ist *Dornröschen*.

Die Königstochter, die in einen hundertjährigen Schlaf verfällt, steht stellvertretend für alle Seelen, die ihrer zweiten Ergänzungshälfte für etliche Inkarnationen (hundert

184

Jahre) nicht begegnen können. Sei es, dass eine von ihnen sich längere Zeit (nach irdischem Maßstab) auf Erden nicht verkörpert und deshalb ein Treffen auf der weltlichen Ebene nicht stattfinden kann, oder aber es inkarnieren beide Seelenteile gleichzeitig in menschlichen Körpern, es ist ihnen jedoch nicht bestimmt, sich als zugehörige Seelen zu erkennen.

Die Dornenhecke, welche die schlafende Prinzessin umwuchert und sie dadurch unsichtbar macht, ist Sinnbild dafür, dass oft schmerzhafte Lektionen (stechende Dornen) zu durchleben sind, ehe man den zauberhaften Anblick ihrer Schönheit genießen darf. Im Bewältigen leidvoller Erfahrungen durchschlagen wir sozusagen das Dornengestrüpp (lüften die verhüllenden Schleier), und das Antlitz und die Gestalt der bildschönen schlafenden Prinzessin (die Dualseele) kann erblickt werden. Der Kuss des Prinzen, der die Prinzessin wieder zum Leben erweckt, erlöst beide aus ihren getrennten Welten, da nun auch die Prinzessin (die zweite Seelenhälfte) ihren Prinzen ansehen kann (ihn als ihre zweite Hälfte erkennt). Der Kuss, als eine innig intime Körperberührung, steht synonym für die Berührung ihrer Seelen, das Verschmelzen, die Besiegelung der einen, ewigen, untrennbaren Verbindung – dem Vollzug der wahren himmlischen Vermählung.

Eines haben alle Märchenerzählungen, in welchen der Dualseelengedanke herausragt, gemeinsam: Die Vollendung, das Verschmelzen von männlich und weiblich zu einer Ganzheit, das Wiederfinden der zweiten Hälfte, ist zumeist an Prüfungen, sozusagen an Bewährungsproben, gebunden! Immer muss der Prinz seinen Mut unter Beweis stellen, standhaft und treu seinem Ziel ergeben sein, ehe er seine ihm versprochene Prinzessin als seine Frau gewinnt. Sie wartet stets im Verborgenen auf ihre Errettung oder Erlösung. Oft befindet sie sich in Gefangenschaft einer bösen Macht (seiner Unwissenheit – deshalb kann er sie auch nicht sehen), wurde entführt, an einen unbekannten Ort verschleppt oder verzaubert. Gefahrvolle Situationen stellen sich in seinen Weg, die er zu überwinden hat, um voranzukommen. Versuchungen am Wegesrand hat er standzuhalten. Rätsel werden ihm aufgegeben, die, kann er sie lösen, seine nächsten Schritte aufzeigen und ihm die Richtung frei machen, in der er weiterzugehen hat. Es ist also Arbeit zu leisten, Arbeit am Selbst, um sich durch den daraus resultierenden Bewusstwerdungsprozess das Vorrecht der Gegenwart seiner Dualseele zu verdienen. Es gilt jedoch festzuhalten, dass die Prinzenrolle, nur weil sie das männliche Prinzip verkörpert, nicht allein vom Mann übernommen werden muss. Die Rolle des Prinzen ist metaphorisch anzusehen und kann ebenso gut von der Frau angenommen werden. Der Prinz, das männliche Prinzip, steht stellvertretend für Aktivität, für Bewegung, für den Entschluss und die Durchführung der Suche. Die Prinzessin (die duldsam auf Erlösung Hoffende) drückt Passivität und Empfänglichkeit aus, und erst die Verschmelzung dieser beiden Pole gewährleistet den Ausdruck der Vollkommenheit. Der Mensch, der zum Ebenbild Gottes wurde, hat männliche und weibliche Tugenden zu gleichen Teilen in seinem Wesen entfaltet. Er hat sich mit seiner wahren Ergänzungshälfte für ewig vermählt.

Unter den Opern, welche Dualseelenaspekte beleuchten und zum Ausdruck bringen, stellt Mozarts *Zauberflöte*, abgesehen von ihrer musikalischen Qualität, eine Schöpfung dar, die uns in die Mysterienwelt der Zwillingsflammen hineinzuführen vermag. Das Wunderbare an ihr ist, dass sie nicht nur dem fortgeschrittenen, nach Erkenntnis dürstenden Menschen Einblick schenkt, sondern auch den

Unwissenden berührt. Das Wesentliche, das uns die *Zauberflöte* vermittelt, ist, dass jeder das ihm Entsprechende finden und erhalten kann. Papageno und Papagena sowie Tamino und Pamina sind jeweils zusammengehörige Dualseelenpaare, die sich in ihrer inneren Entfaltung voneinander unterscheiden. Für Papageno, den lustig-fröhlichen und den sinnlichen Genüssen aufgeschlossenen Menschen, gibt es eine ihn ergänzende Gefährtin, aber auch auf Tamino, den in Liebe zu seiner himmlischen Gemahlin entbrannten Prinzen, wartet seine Prinzessin (die göttliche Erfüllung). Die Bewusstseinszustände, die Papageno von Tamino unterscheiden, werden auch rein äußerlich dokumentiert. Der bunt gefiederte Vogelmensch Papageno verkörpert die unbeschwerte, flatterhafte und lebenslustige menschliche Seite. Tamino hingegen, der in kostbarer Edelmannsgewandung erscheint, offenbart den ernsthaften, nach tieferem Lebenssinn suchenden menschlichen Charakter. Dem genialen Mozart ist es gelungen, die sich voneinander scheidenden Weiten und Bedürfnisse Papagenos und Taminos auch musikalisch auszudrücken. Wann immer Papagenos und Papagenas Stimmen erklingen, erheben sie sich im einfachen Lied- und Volkston. Tamino und Pamina hingegen singen in einer gehobenen Gefühlssprache, die bis hin zum figurierten Choral in der Wasser- und Feuerprobe oder der mystischen Weihe der Priesterchöre reicht. Mozart hat in seiner *Zauberflöte* das Wunder vollbracht, dem einfachsten wie dem anspruchsvollsten Hörer Genüge zu tun. Alle mitwirkenden Charaktere, sosehr sie sich auch voneinander unterscheiden mögen, werden im Adel eines gemeinsamen künstlerischen Stils zu Geschwistern – zu Kindern einer sie mit gleicher Schöpferliebe umfangenden Gestaltungsmacht.

Es ist allgemein bekannt, dass das Libretto der Feder Emanuel Schickaneders entstammt. Schickaneder jedoch war nicht der Alleinverfasser. Die *Zauberflöte* stellt eine Kollektivarbeit des freimaurerischen Freundeskreises dar, welcher die Gelegenheit wahrnahm, die ihm bewegende Gedankenwelt hier auszusprechen. Mehrere Stoffquellen kommen in Betracht. Kurz vor der Aufführung wurde noch eine Umarbeitung vorgenommen. Sehr wahrscheinlich standen Mozarts eigene Wünsche hinter dieser Umformung, die nach einer Vergeistigung des Geschehens zielten.

Die Zauberflöte endet damit, dass Tamino für alle Ewigkeit mit seiner Pamina vereint wird. Die irdische Wanderung und die Suche nach seiner zweiten Seelenhälfte wurden erfolgreich abgeschlossen. Das höchstmögliche Ziel menschlicher Vollendung wurde erklommen! Obwohl die Geschichte in der *Zauberflöte* ein glückliches Ende für beide Dualseelenpaare nimmt, ist sie doch für Papageno und Papagena noch nicht wirklich zu Ende. Auch sie müssen denselben Weg wie Tamino und Pamina beschreiten, müssen dereinst ebenso gemeinsam durch Wasser und Feuer gehen, um in demselben Freiheitszustand des unsterblichen Geistes aufzugehen wie Tamino und Pamina und gleich ihnen die ewige Einheit in allen Welten zu verkünden.

Schlusswort

Die Wahrheit anzunehmen, dass für jeden Menschen eine absolut vollkommene Ergänzungshälfte geschaffen wurde, ist in unseren Tagen wichtiger denn je. Es kommt nicht von ungefähr, dass ausgerechnet heute das Interesse an diesem Teil des göttlichen Plans verstärkt zunimmt und sich in vielen Menschenseelen regt. Der Fortschritt und die Entwicklung der Menschheit fordern dies, da in dem bewussten Erkennen dieses Mysteriums die Weichen für eine Höherentwicklung des menschlichen Daseins gestellt werden.

Wahrscheinlich sind gegenwärtig auf Erden zahlreiche Wesen inkarniert, die reif für diese Erkenntnis sind. Dabei liegt das Aufgabenfeld der vereinten Dualseelen jenseits der Wunschträume der breiten Masse von glücklicher Zweisamkeit. Es liegt im kosmischen Dienen, in schöpferischen Leistungen für die Welt, um den Reifeprozess des Menschen zu fördern und zu seiner göttlichen Bestimmung zu führen.

Das Annehmen der Dualseelenwahrheit formt ein feinstoffliches Schutzschild, das immun werden lässt gegen alle Widrigkeiten, die jedem im zwischenmenschlichen Bereich begegnen. Sie bewahrt vor Irrtümern und Umwegen und gibt Kraft, dem Chaos der äußeren Welt zu entkommen.

Kein Mensch kann mit Bestimmtheit sagen, in welchem Stadium der Entfaltung er steht, und daher kann auch nicht eindeutig eine Prognose abgegeben werden, ob, wann und wie die Verschmelzung mit seiner zweiten Seelenhälfte sich ereignen wird. Vorangegangenes Wachstum, also Erkenntnis und Fortschritt, die in vorherigen Existenzen gesammelt wurden, sind maßgeblich daran beteiligt, in welcher Form und zu welchem Zeitpunkt ein Zusammentreffen mit unserer wahren Ergänzung – unserem zweiten ICH – stattfinden wird.

Eine in Worten nicht zu beschreibende Glückseligkeit steigt auf in den Herzen der Wesen, welche durch ein ewiges Liebesband miteinander verbunden sind, wenn sie sich nach der langen Reise, vielleicht einer Jahrhunderte währenden Suche, wieder begegnen und zusammenfinden. In göttlicher Harmonie treten sie ein in die Sphären ewigen Lichts, um für immer vereint zu sein.

Engel

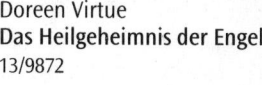

13/9872

HEYNE-TASCHENBÜCHER

Dualseelen

Sulamith Wülfing spürte in ihrem Herzen stets die Gewissheit von der Existenz der Dualseele. Immer wieder drückte sie dieses große menschliche Geheimnis in zauberhaften, zu Herzen gehenden Bildern aus. Kaum eine andere Künstlerin der Neuzeit hat das ewige Mysterium der Liebe zwischen Dualseelen oder Seelengeschwistern so berührend in Bildern eingefangen wie sie.

Mit dem „Dualseelen-Orakel" liegt nun ein wunderschönes Spiel vor, in dem nicht nur Sulamith Wülfings Dualseelen-Bilder Eingang gefunden haben, sondern in dem auch ein Schlüssel zum Dialog zwischen sich liebenden Menschen verborgen liegt. Die Orakelkarten öffnen, indem sie zum Gespräch anregen, neue Tore zum Verständnis des geliebten Du. Tore, die bisher vielleicht noch niemals geöffnet wurden. Ein Orakelspiel voller Zärtlichkeit und Weisheit. Ein zeitloses Spiel der Liebe für Jung und Alt!

Das Geheimnis der ewigen Liebe

Sulamith Wülfing

Das Dualseelen Orakel

40 Karten in Schmuckschachtel
ISBN 3-89427-150-7
Aquamarin Verlag • Grafing